柴谷 宗叔 著

四国遍路
こころの旅路

慶友社

本書によせて

弘法大師空海さまが開かれた四国八十八ヶ所を巡る遍路は千二百年の歴史を数えます。年間数十万人が巡拝され、最近は外国人の姿も増えてきました。平成二十七年には日本遺産に認定され、さらに世界遺産化に向けての機運が高まりつつあります。

著者の柴谷宗叔さんは、四国遍路の実践面では百周を超す大先達でありながら、遍路の研究で博士号を受け、さらに高野山で僧籍も取ってしまうという、他には例を見ない存在。

本書はその体験を生かし、これからお遍路を始めようという方にも分かり易く書かれたもので、巡拝作法から遍路の歴史、札所の紹介、真言宗の教えに至るまで、まさに痒いところにも手が届く内容となっています。単なるガイドブックや難しい研究書は多く出ていますが、先達の経験と博士の学識、僧侶の視点を生かしたこのような本は初めて。ぜひ多くの方に読んでいただきたいと思います。

四国八十八ヶ所霊場会会長
大林教善

目次

I　四国遍路とは

一　はじめに

四国八十八ヶ所遍路は今から千二百年前、平安時代初期に弘法大師空海が修行して回った跡を訪ねる巡礼の旅です。徳島県鳴門市の一番霊山寺《りょうぜんじ》から時計回りに高知、愛媛を経て香川県さぬき市の八十八番大窪寺《おおくぼじ》まで一周約千二百キロ。もっともこれは歩き遍路の場合です。車は山道や細い道を通れないので、回り道をするため千四百キロぐらいとなります。

回るのに必要な日数は一—八十八番を一気に回る通し打ちの場合、徒歩で四十—五十日かかります。電車などの公共交通機関利用で二十数日。自転車も同じくらいです。団体バスでは十—十四日、マイカーで八—十日ぐらいになります。区切り打ちだと自宅から現地への所要日数が加算されるのでさらにかかります。例えば、関西出発で十二回に区切って一年で満願するコースを組んでいるある旅行社のツアーでは、のべ二十一日かかります。関東からだと往復に時間がかかるので、日帰りは困難です。一国参りや通し打ちが多くなります。四国遍路には年間三十万—五十万人ぐらい訪れるといわれます。うち歩きは一%、三千—五千人ぐらいでしょう。

二　遍路用品

お遍路さんのスタイルは、動きやすい格好なら何でもいいのですが、仏さまの前で参拝するのにあまりに失礼なのはどうも。ということで、ある程度の形は必要かと思われます。お参りするのに、白衣（笈摺《おいずる》）、輪袈裟《わげさ》、数珠《じゅず》は最低限必要でしょう。杖（金剛杖《こんごうづえ》）と菅笠《すげがさ》は歩き遍路には必需品ですが、車遍路の場合は実用的意味はなく、ファッションなので、どちらでも構わないと思います。

巡拝の服装についていえば、基本は白装束です。頭につける三角巾を除けば死装束《しにしょうぞく》と同じ。四国遍路は俗世間から離れ、擬似死体験をする場所なのです。そして、打ち終えて現世に戻るのです。昭和初期までは、和装の白の長衣の上に笈摺を着る。これに手甲《てっこう》、脚絆《きゃはん》、地下足袋が正式の装束とされました。笈摺には、南無大師遍照金剛、脇に同行《どうぎょう》二人《ににん》と墨書します。昭和後期になり、和装が一般的でなくなると、白のシャツ、ズボンの上に笈摺を着るのが一般的となりました。足元も運動靴になったのです。笈摺も、重ねるからこそ袖なしでしたが、袂のない洋装の上に着るのだから、現在の四国では袖のあるものが主流となっています。朱印をいただく判衣《はんえ》として使う場合は、八十八ヶ所分朱印をいただくスペースが必要なので、袖ありでないといけません。一番から札所順に朱印を揃えたいなら、御詠歌入りのものが便利です。

なお、判衣は洗ってはいけないことになっていますが、着用する白衣は汚れたら洗うようにしてほしいと思います。着るほうの白衣には基本朱印は押さないのが本来の姿ですが、二十番鶴林寺で鶴の印、三十九番延命寺で亀の印を押すことで、延命長寿の印と押す人もでてきました。いつごろから始まった俗信か判りませんが紹介だけしておきます。それに加え一番と八十八番の印を含め四つ、あるいは高野山と五つ押す人もいます。洗えばこれらの印は薄くなりますが、気にしないで洗濯してほしいと思います。また十六番観音寺では襟に光明真言の梵字《ぼんじ》の墨版を押してもらうことができます。

このほかの必需品として、金剛杖、菅笠、輪袈裟、納札《おさめふだ》、経本、数珠、線香、ライター、頭陀袋《ずだぶくろ》などがあります。

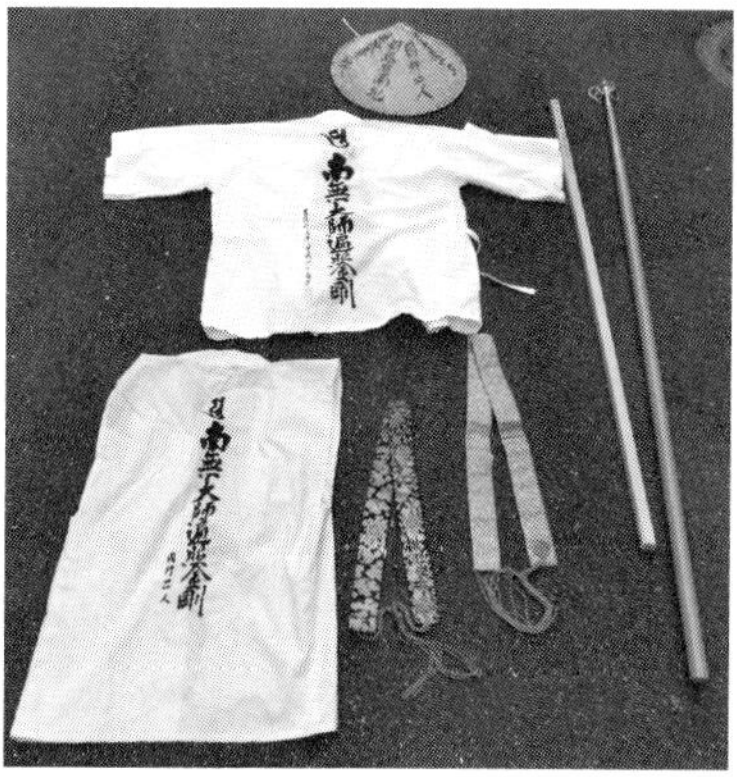

菅笠　白衣　笈摺　輪袈裟　金剛杖　錫杖

金剛杖は、歩く際の実用品であるとともに、弘法大師の化身とされ、行き倒れたときは墓標の代わりにもなったのです。そうしたことから、宿泊時も床の間に置くなど、特別な扱いをするよういい習わされています。宿舎に入る前には、土のついた部分を水で洗い、布で拭くようにしてください。また橋の上では杖を突いてはいけないとされます。これは橋の下にお大師さまが寝ているという信仰からきています。お大師さまが修行中、十夜が橋（愛媛県大洲市の番外霊場）で野宿したことから、起こしてはいけないと伝えられているからです。杖は使っているうちに短くなってささくれ立ってきますが、決してナイフで削らないこと。お大師さまが痛がるといわれます。石やコンクリートの上でこすれば丸くなります。

菅笠には「迷故三界城、悟故十方空、本来無東西、何処有南北、同行二人」と書かれています。欲界の真っ只中で迷いが生じ、十方すべてが空《くう》であることを悟れば、本来東西南北はない。つまり、欲におぼれた迷いだらけの自分を見つめなおせば、悟りが開けるという意味です。もともとはお棺の蓋に書く句だったのですが、行き倒れた時に笠がお棺の蓋の代わりになります。

雨が降った場合、菅笠は雨よけになります。杖をついてこうもり傘を持てば、両手がふさがって危険です。菅笠なら片手があき、安全なので歩き遍路には必需品です。一回り大きい網代笠《あじろがさ》もありますが、これは本来出家した僧がかぶるもので、在家には勧められません。杖の大きな錫《しゃく》杖《じょう》も同様です。ただし先達になって受け賜った物は大丈夫です。輪袈裟も倍の長さの折五条という出家用のものがありますが、これも基本的には在家は着けてはいけないとされるので注意が必要です。本格的に装束を調えたいのなら手甲、脚絆、地下足袋などもありますが、そこまでしなくてもいいでしょう。これらの遍路用品は、一番霊山寺、二番極楽寺をはじめ多くの札所寺院で購入できるほか、高野山や大阪、京都などの大きな仏具店でも買えます。

次に納経《のうきょう》用品です。納める経と書くように、本来は書写した経を本堂などに納めることです。仏さまからの領収書が朱印なのです。現在では写経をしてきている人は少ないので、本堂などで経を唱えてそれに代える。もちろん『般若心経』などの写経をしてきた人は、写経納箱に納めればいいのです。

納経用品には三種類あります。まず納経帳。右上に奉納と書き、中央に本尊のシンボルマークである種子《しゅじ》と漢字の本尊名、左下に寺名を墨書した上に三つ押印します。札所番号、本尊種子、寺名印です。二周以上回ると、墨書はもとのまま印だけを次々重ねていきます、これを重ね印といいます。何十周も回れば帳面は真っ赤になって、字が判らなくなります。朱肉の重みで帳面も

納経帳

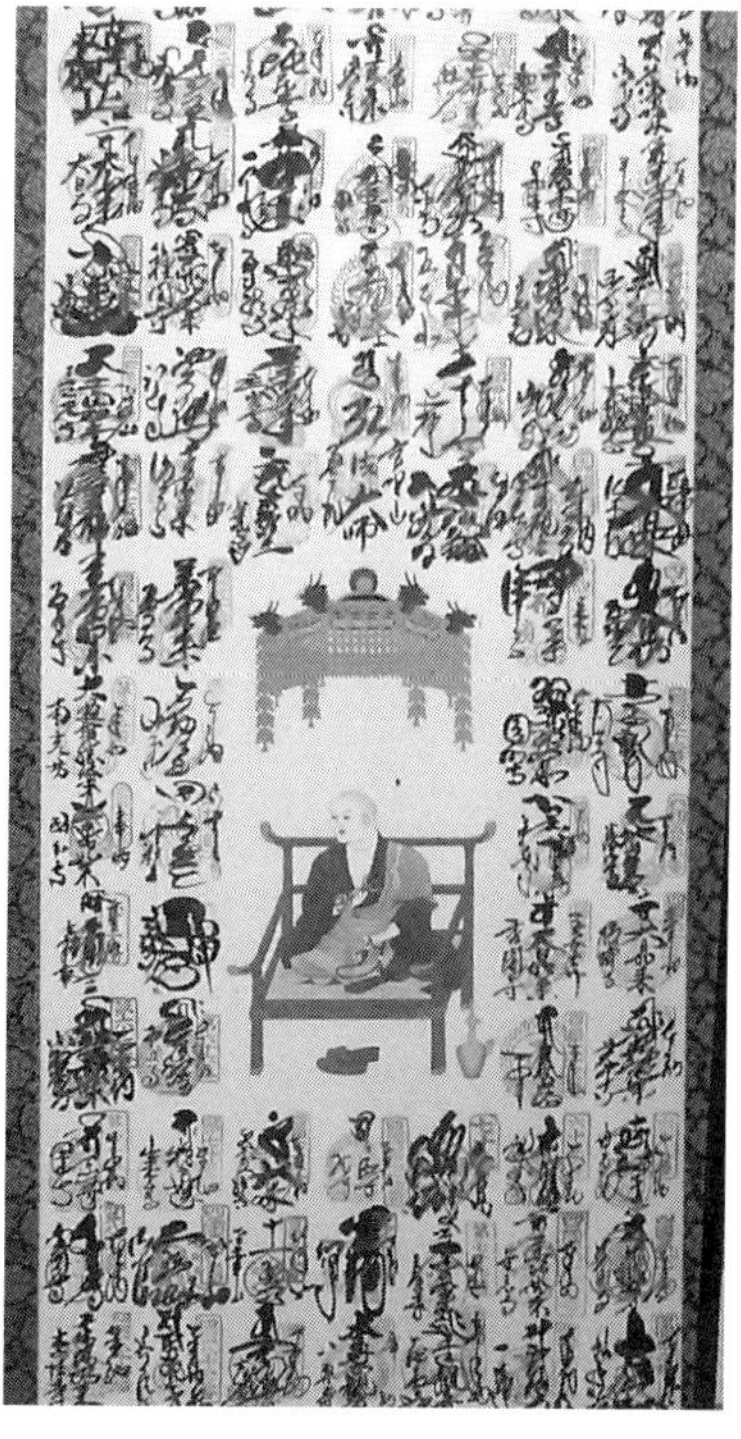

掛軸は表装すると立派になる

朱印で埋まった白衣

重くなってきます。

次に掛軸。これは結願後表装して家宝にして、お盆や彼岸、先祖の命日などに掛けて拝むものです。拝み方はいつもしているの四国勤行の次第でいいのです。毎日掛けておいてもいいのですが、その場合は毎日拝まなければいけないので、特定の日にのみだすほうがいいでしょう。中央に弘法大師の御影《みえ》が描いてあるものが多いのですが、宗派によっては阿弥陀仏、釈迦牟尼仏などのものもありますので、宗旨に従って購入すればいいでしょう。

最後に白衣、笈摺《おいずる》ともいいます。これは死出の旅路に着ていくもので、本来は棺の中に入れるものです。死んだら普通は閻魔《えんま》大王の前で裁判を受け、生前の行いによって極楽行きか地獄行きか決まるのですが、八十八（もしくは高野山を含め八十九）の印を押した白衣を着ていれば、無条件で極楽に行けるというありがたいものなのです。これも南無大師遍照金剛と書かれたもの以外に、南無阿弥陀仏、南無釈迦牟尼仏などと書かれたものがあるので、宗旨に合わせて購入すればいいでしょう。結願したら家族に作ったことをいっておきましょう。そうでないと、いざというときに着せてくれない可能性があります。かならず知らせておきましょう。親とか配偶者に先立たれた場合は着せてあげてもいいのです。その人が極楽に行けます。でも自分用にもう一回作らなくてはいけないけれど。そういうことで二周、三周と重ねて回る人もいるのです。

三つすべてでてやる人もいるし、どれか一つでもいいのです。予算に合わせてしていただければいいのです。もし一つだけなら納経帳がお勧めです。重ね印ができるのは帳面のみだからです。納経料は帳が三百円、掛軸が五百円、白衣が二百円です。納経時間は原則、午前七時から午後五時までです。

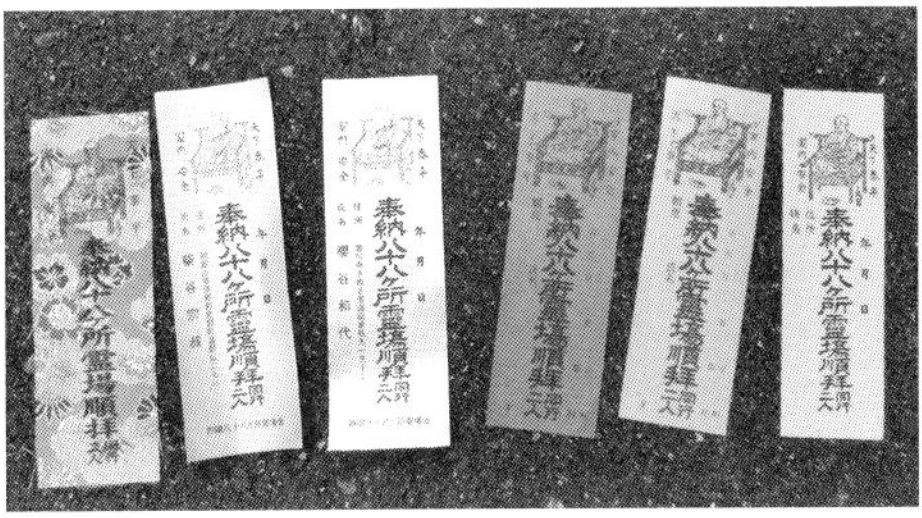

納札は巡拝回数により色が決まっている

お御影《みえ》といって本尊の姿を印刷したものがあり、納経すれば帳面と掛軸に白黒のものが付いてきます。白衣には付いてこないので、必要なら百円で購入できます。カラー御影もあり別途二百円必要です。

掛軸、白衣は帰ったら直射日光に当たらないところで陰干しして、朱印を乾かしてからしまうようにしましょう。直射日光に当てると、あとで黄ばんでくる場合があるので注意が必要です。御影は八十八揃って意味のあるものなのでなくさないように。御影帳といってバインダー形式のものを売っているので、それに保管するのがいいでしょう。買わない人は封筒などに入れて、仏壇の引き出しなどに保管すればいいと思います。あとで御影を額や軸にすることもできます。

納札は巡拝回数によって色が決まっています。四回までが白、五—六回が緑、七回以上が赤、二十五回以上が銀、五十回以上が金、百回以上が錦となります。錦は紙ではなく織物です。自分勝手に色札を使うのは禁物です。金や錦の札は数多く回った人のもので、お守りになるとされています。直接もらえる機会があればありがたく受け取るといいのですが、納札箱の中から拾うのは、業《ごう》を拾うことにもなりかねないので勧められません。何十周回っている人でも、罪を犯しその贖罪《しょくざい》のために回っている人もいるからです。いただいた御札は仏壇などにしまうか、財布に入れるなどすればいいでしょう。なお巡拝回数の記録は六百五十回以上の方がいます。

三　お参りの仕方

お寺に着いたら、まず、

①山門で一礼、仏さまにご挨拶します。

②手水場で手を清め、口を漱《すす》ぎます。衛生的な見地から口は省略しても構いません。

③鐘を撞《つ》いていいのなら鐘を撞きます。鐘を撞く場合はかならず勤行の前に。入鐘出鐘といって出鐘は縁起が悪いとされています。出金（貧乏）に通ずるからです。撞いた場合は鐘楼の賽銭箱にいくらか志納しましょう。

④本堂では灯明、線香、納札、賽銭をあげます。真言宗の場合、蝋燭《ろうそく》は一本、線香は三本が基本です。蝋燭は奥から、線香は中央から。あとから供える人が火傷《やけど》をしないための気配りです。納札は納札箱に入れます。蝋燭、線香の火は人が立てているのをいただかないこと。自分でつけるのが基本です。前の方の業を拾わないようにするためです。なお、同行の先達からはいただいてもかまいません。寺の種火からもいただいてかまいません。

⑤本堂で読経《どきょう》します。基本の勤行は開経偈《かいきょうげ》から始め、懺悔文《さんげもん》、三帰《さんき》、三竟《さんきょう》、十善戒《じゅうぜんかい》、発菩《ほつぼ》提心真言《だいしんしんごん》、三昧耶戒《さんまやかい》真言、般若心経《はんにゃしんぎょう》、本尊真言、光明真言、弘法大師宝号、回向文《えこうもん》で終わります（勤行次第は別記参照）。最後に自分の願い事を祈念します。これに、祈願文《きがんもん》、御詠歌《ごえいか》、陀羅尼《だらに》、十三仏真言などが入る場合もあり、派や講によって異同が大きいので、そのときの先達に従ってください。経本には八十八の寺の本尊真言が記載されているものとそうでないものがあります。記載されていない経本の場合、十三仏真言の欄から適当なものを唱えることとなりますが、本尊によっては十三仏に入っていないものもあります。たいがいは、本堂に本尊の真言が掛けてあるので、それをみながら唱えるといいと思います。御詠歌を奉納する場合は、各札所の御詠歌の載っている経本を購入しましょう。納経帳に書かれていることもありますので、それをみながらでもいいでしょう。

⑥大師堂でお参りします。本堂と同様の手順です。本尊真言のみ省略します。

⑦納経所へ行き、御朱印をいただきます。納経とは本来、般若心経などの写経を納めて、仏さ

お遍路さんの先達をする筆者（86番志度寺で）

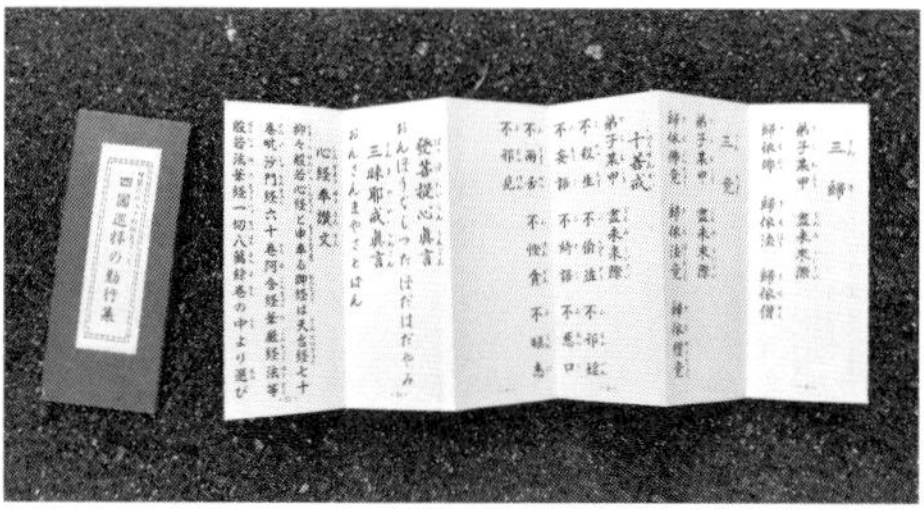
経　本

まからの領収書をいただくというのが本来の趣旨です。いまは書写した経を納める代わりに、お経を唱えることで済ませて、ご朱印をいただいていますが。

⑧他の諸堂を参拝します。また寺のみどころを拝観して回りましょう。売店のあるところではお守りや土産を買ってもかまいません。トイレも忘れずに。

⑨帰るときにも山門で一礼。お大師さまがお見送りにきてくださっているかもしれません。

——以上が基本的な参拝の仕方ですが、基本的なマナーも書いておきます。

団体参拝など、多くのお遍路さんがいる場合は、参道は原則左側通行です。グループで勤行するときは、他の方の迷惑にならないよう、お堂の正面は避け、右か左に寄って勤行しましょう。譲り合いの精神が大事です。堂前で他の団体が勤行しているときは、それが終わってから勤行するようにしましょう。いくら急いでいるからといって、重ねるのはマナー違反。個人の場合は無言あるいは小さな声でお唱えするのは可。お大師さまは聞いてくれます。

お堂の中では脱帽です。四国札所では菅笠はかまわないとされていますが、場合によっては外したほうがいいこともあるでしょう。雨具やリュックもお堂に入るときは外しましょう。ちなみに高野山ではお堂での脱帽に菅笠も含まれます。カツラはかまいません。

経を読むときは、団体の場合、先達が最初の一節を読むので、二節目からはみんなで唱和します。三遍唱えるときは最初の一回が先達、二回目からはみんなで。これを頭を取るといいます。一人で参るときは、先達の分も含め全部一人で唱えます。

実家は真言宗だけれど勤行の仕方が違うという質問がよくあります。真言宗には古義と新義、さらには大別して十八の派があり、それぞれ微妙に唱え方が違います。地方によっても異なります。例えば、高野山では懺悔文が最初で開経偈は般若心経の直前、回向文は漢文で唱えるなど。寺ごとに、あるいは先達ごとに唱え方が異なります。これではお遍路さんが困ってしまうので、四国八十八ヶ所では統一しています。それが経本に書かれたやり方なのです。これはおおむね善通寺派の勤行次第。四国ではやはり善通寺が力を持っているということです。

よくある質問で、お経の息継ぎはどこでしたらというのがありますが、どこでもいいというのが正解です。先達と同じところですればそこでお経が途絶えてしまいます。みんながてんで違うところで息継ぎすることで、全体としてはお経が流れるというわけです。

納経は仏さまの領収書なので、原則お参りの後です。ところが、団体バスとぶつかれば納経待ちの時間が発生することもあります。一時間あまり待って予定が狂ったなどという話も聞きますが、私はバスをみたら臨機応変に納経を先にするのも可と考えます。また、納経時間は午前七時から午後五時なので、夕方五時ぎりぎりに駆け込んだ場合は、先に納経を済ませてから、あとでゆっくり参拝したほうがいいでしょう。寺によっては五時以降は一切受け付けないところも多いので注意が必要です。

トイレ、食事の場合は輪袈裟を外します。白衣も脱いだほうがいいのですが、置く場所のない場合は着衣のままでもかまわないでしょう。また食事の際は食事作法《じきじさほう》といって、箸を持つ前に簡単なお唱えをするのが慣わしとなっています。「一滴の水にも天地の恵みを感じ、一粒の米にも万民の労苦を思い、ありがたくいただきます」など、宗派や寺によって言葉が若干違う場合もありますが、感謝の心でいただくことが肝要です。

数珠は真言宗の場合、一〇八珠の本連数珠が正式。持ち方は、お参りのときは右手中指に達磨のあるほうを掛け、左手人差指に逆の親玉を掛けます。そして三回ないし五回摺る。両手で合掌する読経のときや、線香を立てるなど、両手を使うときは一隻にして左腕に掛けます。持ち運ぶ時は二隻にして、左手親指と人差指の間に掛け房を掌に入れます。しまうときは三隻にして房を上にして、折りたたみます。また数珠は数を数える道具にもなります。一万（正確には一万八百）まで数えることができます。弘法大師が室戸岬などで行った虚空蔵《こくうぞう》求聞持法《ぐもんじほう》は、虚空蔵菩薩の真言を百万遍唱える行ですが、一日一万遍百日間続ける行で、このときも数珠で数えるのです。

数珠を首から掛けるのはご法度です。そもそも戒律を破って高野山を追放される僧が首に数珠を掛ける慣わしでした。それと同じく教団を追放される象徴となるのです。自ら戒律破りを宣伝するならともかく、やめたほうがいいでしょう。修験の一派では、行をするのに両手を使う必要があり、首に掛けるところもあるようですが、これは特殊な例です。上記の理由から、一般の信者さんは数珠を首に掛けないようお勧めいたします。

四　巡拝計画

歩き遍路はすばらしいですが、それにこだわる必要はありません。自分の体力に合わせ、途中公共交通機関を利用してもいいし、車接待を受けてもいいのです。まずは八十八ヶ寺を回りきることが大切です。あとで歩けなかったところをフォローすることもできます。無理をせずマイペースで回ってみることが大事だと思います。一気に全部回る必要もありません。長い日程を取れないなら、何回かに区切ればいいのです。自分のペースで一泊二日、二泊三日ぐらいから始めてもいいでしょう。徒歩ですべて回り終えるには四十—五十日かかります。自分なりの計画を立ててください。足の速さは個人個人によって異なります。まず、歩いてみて一日何キロ歩けるのかを確認してから計画を作りましょう。宿が二十—三十キロごとにしかない地域もあるので、宿の都合で歩く距離が決まる場合もあります。

一部分で公共交通機関を利用する「準歩き」も選択肢です。四国は鉄道や路線バスの本数が少ないところが多いので、事前の下調べは必須ですが、うまく使えば二十日前後で回れます。フルに公共交通機関を利用しようと思っても、歩かざるを得ないところも多いのです。一部区間はタクシーを利用するしかない場合もあります。

自家用車でドライブがてらでかけるのも楽しいものです。はじめての遍路で一県二―三日。一周十日ほどです。重ね遍路で慣れてくれば、一週間で回ることも可能です。宿は、徒歩と異なり先へ進んだり前へ戻ったりできるので、自由に行程を組めます。極端な場合、県庁所在地のホテルに連泊して、行き帰りすることも可能です。費用は四国までの往復交通費を除けば一日一万円程度。泊まるのはビジネスホテルや観光旅館もいいのですが、宿坊も体験してみたいものです。宿泊費は遍路宿や宿坊で二食付き五千―六千円程度から、ビジネスホテルは素泊まり五千円程度。リゾートホテルや観光旅館なら一万五千―二万円が必要です。それに昼食費や納経料、賽銭などが必要となります。関東以遠の方は、四国まで飛行機できて、レンタカーの利用も可能です。

旅行会社の巡礼バスツアーは日帰りで三千円程度から。途中から一泊二日になります。十二か月で一周できるような行程を組んでいることが多く、総計二十―三十万円。多くは先達が付くので、巡拝の基本が学べるのはメリットです。決まったコースを行くので、自分で勝手にコース外に立ち寄れません。タクシーツアーもあります。バスよりかなり割高ですが、自由に日程が組めるのが人気です。ヘリコプターで空から参拝、三日で回るというツアーもあるようですが、私にいわせれば論外です。どれだけ省略しても、お寺の本堂の前での参拝は省略できないでしょう。日数のかかる歩き遍路が一番ぜいたくです。体力と暇とお金の三拍子が揃わないとできません。バスツアーが一番安く効率的に回れますが、格安ツアーはバックリベート目当てに土産物屋に何度も立ち寄るので注意が必要です。番外札所に寄ったり、観光を兼ねて回るなら自家用車かタクシーが、自由にコースを組めて楽しいでしょう。

遍路のシーズンは春三―五月と、秋九―十一月がお勧めです。夏は徒歩だと熱中症の恐れがあり、冬は山地に入れば雪で通行止めの心配があるからです。ただ春秋のシーズンは、遍路が増えて宿が取りにくくなるのが難点です。また冬場の遍路が少ない時期は、休業する遍路宿があるので注意が必要です。

一番霊山寺から打ち始めた場合、初日は徒歩で六番か七番の宿坊泊が一般的な行程です。バスツアーも、土産物店に立ち寄ったりするので同じぐらいしか回れません。自家用車やタクシーなら十三―十七番ぐらいまで可能でしょう。この場合は十三番宿坊、門前の旅館または徳島市内のホテル泊となります。

車の場合、うまくいけば、二日目海陽町、三日目高知市、四日目足摺岬、五日目松山市、六日目西条市、七日目善通寺市、八日目さぬき市泊という行程が可能です。徒歩の場合は、二日目吉野川市十一番近くの宿、三日目神山町十二番近くの宿、四日目徳島市内、五日目小松島市十八・十九番近くの宿、六日目阿南市二十・二十一番近くの宿、七日目阿南市二十二番近くの宿または美波町二十三番までの途中の宿、（以下省略）という行程になるでしょうか。初日を回ってみて自分のペースをつかんで計画を立ててください。

五　勤行次第

〈開経偈《かいきょうげ》〉

無上甚深微妙法《むじょうじんじんみみょうほう》　百千万劫難遭遇《ひゃくせんまんごうなんそうぐう》　我今見聞得受持《がこんけんもんとくじゅじ》　願解如来真実義《がんげにょらいしんじつぎ》

〈懺悔文《さんげもん》〉

我昔所造諸悪業《がしゃくしょぞうしょあくごう》　皆由無始貪瞋痴《かいゆむしとんじんち》　従身語意之所生《じゅうしんごいししょしょう》　一切我今皆懺悔《いっさいがこんかいさんげ》

〈三帰《さんき》〉三反

弟子某甲《でしむこう》　尽未来際《じんみらいさい》　帰依仏《きえぶつ》　帰依法《きえほう》　帰依僧《きえそう》

〈三竟《さんきょう》〉三反

弟子某甲《でしむこう》　尽未来際《じんみらいさい》　帰依仏竟《きえぶっきょう》　帰依法竟《きえほうきょう》　帰依僧竟《きえそうきょう》

〈十《じゅう》善《ぜん》戒《かい》〉三反

弟子某甲《でしむこう》　尽未来際《じんみらいさい》　不殺生《ふせっしょう》　不偸盗《ふちゅうとう》　不邪婬《ふじゃいん》　不妄語《ふもうご》　不綺語《ふきご》　不悪口《ふあっく》　不両舌《ふりょうぜつ》　不慳《ふけん》
貪《どん》　不瞋恚《ふしんに》　不邪見《ふじゃけん》

〈発菩提心真言《ほつぼだいしんしんごん》〉三反

オン　ボウヂシッタ　ボダハダヤミ

〈三摩耶戒真言《さんまやかいしんごん》〉三反

オン　サンマヤ　サトバン

〈般若心経《はんにゃしんぎょう》〉

仏説摩訶般若波羅蜜多心経《ぶっせつまかはんにゃはらみたしんぎょう》
観自在菩薩《かんじざいぼさ》　行深般若波羅蜜多時《ぎょうじんはんにゃはらみたじ》　照見五蘊皆空《しょうけんごうんかいくう》　度一切苦厄《どいっさいくやく》　舎利子《しゃりし》　色不異空《しきふいくう》　空不異色《くうふいしき》
色即是空《しきそくぜくう》　空即是色《くうそくぜしき》　受想行識《じゅそうぎょうしき》　亦復如是《やくぶにょぜ》　舎利子《しゃりし》　是諸法空相《ぜしょほうくうそう》　不生不滅《ふしょうふめつ》　不垢不浄《ふくふじょう》
不増不減《ふぞうふげん》　是故空中《ぜこくうちゅう》　無色無受想行識《むしきむじゅそうぎょうしき》　無眼耳鼻舌身意《むげんにびぜっしんに》　無色声香味触法《むしきしょうこうみそくほう》　無眼界乃至無《むげんかいないしむ》
意識界《いしきかい》　無無明《むむみょう》　亦無無明尽《やくむむみょうじん》　乃至無老死《ないしむろうし》　亦無老死尽《やくむろうしじん》　無苦集滅道《むくじゅうめつどう》　無智亦無得《むちやくむとく》　以無《いむ》
所得故《しょとくこ》　菩提薩埵《ぼだいさった》　依般若波羅蜜多故《えはんにゃはらみたこ》　心無罣礙《しんむけいげ》　無罣礙故《むけいげこ》　無有恐怖《むうくふ》　遠離一切《おんりいっさい》　顛倒夢想《てんどうむそう》

究竟涅槃《くぎょうねはん》　三世諸仏《さんぜしょぶつ》　依般若波羅蜜多故《えはんにゃはらみたこ》　得《とく》阿耨多羅三藐三菩提《あのくたらさんみゃくさんぼだい》　故知般若波羅蜜多《こちはんにゃはらみた》　是大《ぜだい》
神呪是大明呪《じんしゅぜだいみょうしゅ》　是無上呪《ぜむじょうしゅ》　是無等等呪《ぜむとうどうしゅ》　能除一切苦《のうじょいっさいく》　真実不虚《しんじつふこ》　故説般若波羅蜜多呪《こせつはんにゃはらみたしゅ》　即説《そくせつ》
呪曰羯諦羯諦《しゅわつぎゃていぎゃてい》　波羅羯諦《はらぎゃてい》　波羅僧羯諦《はらそうぎゃてい》　菩提薩婆訶《ぼじそわか》　般若心経《はんにゃしんぎょう》

〈本尊真言《ほんぞんしんごん》〉三反（各札所本尊の真言を唱える）

不　動　明　王　ノウマクサンマンダ　バザラダン　センダマカロシャダ　ソワタヤ　ウンタラ
タカンマン
釈　迦　如　来　ノウマクサンマンダ　ボダナンバク
文　殊　菩　薩　オン　アラハシャノウ
普　賢　菩　薩　オン　サンマヤ　サトバン
地　蔵　菩　薩　オン　カカカビ　サンマエイソワカ
弥　勒　菩　薩　オン　マイタレイヤ　ソワカ
薬　師　如　来　オン　コロコロ　センダリ　マトウギソワカ
聖観世音菩薩　オン　アロリキャ　ソワカ
勢　至　菩　薩　オン　サンザンサンサク　ソワカ
阿弥陀如来　オン　アミリタ　テイゼイカラウン
阿　閦　如　来　オン　アキシュビヤ　ウン

大日如来　オン　アビラウンケン　バザラダドバン
虚空蔵菩薩　ノウボウ　アキャシャキャラバヤ　オンアリキャ　マリボリソワカ
千手観音　オン　バザラ　タラマキリク
馬頭観音　オン　アミリトウ　ドバンバ　ウンパッタ　ソワカ
十一面観音　オン　マカキャロニキャ　ソワカ
准胝観音　オン　シャレイソレイソンデイ　ソワカ
如意輪観音　オン　ハンドメイ　シンダマニ　ジンバラ　ウン
不空羂索観音　オン　ハンドマダラ　アボキャシャテイ　ソロソロ　ソワカ
毘沙門天　オン　ベイシラマンダヤ　ソワカ
大通智勝仏　オン　マカ　ビジャニャ　ジャニャノ　ビイブウ　ソワカ

〈光明真言《こうみょうしんごん》〉三反
オン　アボキャ　ベイロシャノウ　マカボダラ　マニ　ハンドマ　ジンバラ　ハラバリタヤ　ウン

〈御《ご》宝《ほう》号《ごう》〉三反
南無《なむ》大師《だいし》遍照《へんじょう》金剛《こんごう》

〈回向文《えこうもん》〉

願《ねが》わくは此《こ》の功徳《くどく》をもって　普《あまね》く一切《いっさい》に及《およ》ぼし　我等《われら》と衆生《しゅじょう》と　皆共《みなとも》に仏道《ぶつどう》を成《じょう》ぜん

勤行次第の意味

開経偈　仏教のありがたい教えは、長い時間かかってもなかなか遇うことができない。私は幸い会うことができたので、この教えを理解できるようにという意味です。仏の教えを勉強するという誓いを立てる言葉です。

懺悔文　仏さまに対して自分が犯した過去の罪を述べ、今後は一切しないことを誓うことで、仏さまの許しを請う文です。

三帰　仏さまの弟子として、未来永劫、仏法僧の三宝に帰依することを誓う文です。仏とは仏さまのこと、法とは仏教の教えのこと、僧とは仏教教団のことです。僧侶だけをさすのではなく、仏教を信じる信者すべてを含む教団をさします。

三竟　竟とは終わる、究めるという意味です。仏法僧の三宝を究めるという誓いを立てるのです。

十善戒　十の戒律をあげ、未来永劫に守るという誓いを立てます。人殺しはしない。他人の物を盗まない。夫婦以外のセックスはしない。嘘はいわない。虚飾した言葉を使わない。人の悪口はいわない。二枚舌は使わない。貪欲はむさぼらない。怒りを表に現わさない。間違った考えを持たない。この十の戒律です。最初の三つは「身《しん》」、身体を使ってする行いのこと。次の四つは「口《く》」、発言についての注意。最後の三つは「意《い》」、心についての心がけです。在家信者が守るべき心構えを述べるのです。

発菩提心真言　私は菩提心、つまり悟りを求める心を起こすという意味の真言です。仏さまの前で誓います。真言とは、お釈迦さまの時代のインドの梵語《ぼんご》（サンスクリット語）をそのまま音写したものです。

三摩耶戒真言　仏さまと平等であるという意味の真言です。仏さまと一体となるという誓いを立てるのです。

般若心経　二六二文字からなる仏教の心髄を簡潔にまとめたお経です。仏教の根本原理である「空《くう》」について書かれており、この世のすべての物は仮の姿であって、移り行くものであるということです。詳しく述べると一冊の本ができてしまうぐらいなので、他の解説書に譲ることにしますが、短いお経の中にお釈迦さまの教えのエッセンスが詰め込まれ、漢文で書かれています。最後の「羯諦羯諦　波羅羯諦　波羅僧羯諦　菩提薩婆訶」は意味不明に感じるかもしれませんが、これも真言です。日本語に訳せば「行きましょう、行きましょう、彼岸（仏さまの世界）に行きましょう、みんなで一緒に行きましょう、悟りの世界へ」といったような意味です。ありがたい言葉なので漢文に訳さずに梵語を音写したままにしているのです。

本尊真言　それぞれの仏さまを讃える言葉です。お寺によって本尊は異なりますので、そのお寺のご本尊の真言を唱えます。
光明真言　大日如来と、すべての仏さまを讃え、悟りに導いてくださるように願う真言です。読誦することで無量無辺の功徳が得られるとされています。
御宝号　弘法大師に帰依するという意味です。遍照金剛は弘法大師が入唐して、師匠である恵《けい》果和尚《かかしょう》から授かった戒名です。
回向文　勤行の功徳が多くの人に広がって、みんなでともに仏さまの世界に行けることを祈願する文です。漢文で「願以此功徳《がんにしくどく》　普及於一切《ふぎゅうおいっさい》　我等与衆生《がとうよしゅじょう》　皆共成仏道《かいぐじょうぶつどう》」と唱えることもあります。
御詠歌　五七五七七の三十一文字からなる和歌に節を付けて唱えます。四国霊場には各札所にそれぞれ御詠歌があります。以下に記しておきます。節回しは宗派、流派によって異なります。高野山金剛流では「龍華《りゅうげ》」の節で唱えます。

〈四国八十八ヶ所御詠歌〉

一　りょうぜんの　しゃかのみまえに　めぐりきて　よろずのつみも　きえうせにけり
二　ごくらくの　みだのじょうどへ　ゆきたくば　なむあみだぶつ　くちぐせにせよ
三　ごくらくの　たからのいけを　おもえただ　こがねのいずみ　すみたたえたる
四　ながむれば　つきしろたえの　よわなれや　ただくろだにに　すみぞめのそで

五　ろくどうの　のうけのじぞう　だいぼさつ　みちびきたまえ　このよのちのよ
六　かりのよに　ちぎょうあらそう　むやくなり　あんらくこくの　しゅごをのぞめよ
七　にんげんの　はっくをはやく　はなれなば　いたらんかたは　くぼんじゅうらく
八　たきぎとり　みずくまだにの　てらにきて　なんぎょうするも　のちのよのため
九　だいじょうの　ひほうもとがも　ひるがえし　てんぽうりんの　えんとこそきけ
十　よくしんを　ただひとすじに　きりはたじ　のちのよまでの　さわりとぞなる
十一　いろもかも　むひちゅうどうの　ふじいでら　しんにょのなみの　たたぬひもなし
十二　のちのよを　おもえばくぎょう　しょうさんじ　しでやさんずの　なんしょありとも
十三　あわのくに　いちのみやとは　ゆうだすき　かけてたのめや　このよのちのよ
十四　じょうらくの　きしにはいつか　いたらまし　ぐぜいのふねに　のりおくれずば
十五　うすくこく　わけわけいろを　そめぬれば　るてんしょうじの　あきのもみじば
十六　わすれずも　みちびきたまえ　かんのんじ　さいほうせかい　みだのじょうどへ
十七　おもかげを　うつしてみれば　いどのみず　むすべばむねの　あかやおちなん
十八　こをうめる　そのちちははの　おんざんじ　とぶらいがたき　ことはあらじな
十九　いつかさて　にしのすまいの　わがたつえ　ぐぜいのふねに　のりていたらん
二十　しげりつる　つるのはやしを　しるべにて　だいしぞいます　じぞうたいしゃく
二十一　たいりゅうの　つねにすむぞや　げにいわや　しゃしんもんじは　しゅごのためなり

二十二　びょうどうに　へだてのなきと　きくときは　あらたのもしき　ほとけとぞみる
二十三　みなひとの　やみぬるとしの　やくおうじ　るりのくすりを　あたえましませ
二十四　みょうじょうの　いでぬるかたの　ひがしでら　くらきまよいは　などかあらまし
二十五　のりのふね　いるかいずるか　このつでら　まようわがみを　のせてたまえや
二十六　おうじょうに　のぞみをかくる　ごくらくは　つきのかたむく　にしでらのそら
二十七　みほとけの　めぐみのこころ　こうのみね　やまもちかいも　たかきみずおと
二十八　つゆしもと　つみをてらせる　だいにちじ　などかあゆみを　はこばざらまし
二十九　くにをわけ　たからをつみて　たつてらの　すへのよまでの　りやくのこせり
三十　ひとおおく　たちあつまれる　いちのみや　むかしもいまも　さかえぬるかな
三十一　なむもんじゅ　みよのほとけの　はははときく　われもこなれば　ちこそほしけれ
三十二　しずかなる　わがみなもとの　ぜんじぶじ　うかぶこころは　のりのはやふね
三十三　たびのみち　うえしもいまは　こうふくじ　のちのたのしみ　ありあけのつき
三十四　よのなかに　まけるごこくの　たねまでら　ふかきにょらいの　だいひなりけり
三十五　すむみずを　くめばこころの　きよたきじ　なみのはなちる　いわのはごろも
三十六　わずかなる　いずみにすめる　しょうりゅうは　ぶっぽうしゅごの　ちかいとぞきく
三十七　むつのちり　いつつのやしろ　あらわして　ふかきにいたの　かみのたのしみ
三十八　ふだらくや　ここはみさきの　ふねのさお　とるもすつるも　のりのさだやま

三十九　なむやくし　しょびょうしつじょの　がんこめて　まいるわがみを　たすけましませ
四十　しんがんや　じざいのはるに　はなさきて　うきよのがれて　すむやけだもの
四十一　このかみは　さんごくるふの　みっきょうを　まもりたまわん　ちかいとぞきく
四十二　くさもきも　ほとけになれる　ぶつもくじ　なおたのもしき　きちくにんてん
四十三　きくならく　せんじゅのちかい　ふしぎには　だいばんじゃくも　かろくあげいし
四十四　いまのよは　だいひのめぐみ　すごうさん　ついにはみだの　ちかいをぞまつ
四十五　だいしょうの　いのるちからの　げにいわや　いしのなかにも　ごくらくぞある
四十六　ごくらくの　じょうるりせかい　たくらえば　うくるくらくは　むくいならまし
四十七　はなをみて　うたよむひとは　やさかでら　さんぶつじょうの　えんとこそきけ
四十八　みだぶつの　せかいをたずね　ゆきたくば　にしのはやしの　てらにまいれよ
四十九　じゅうあくの　わがみをすてず　そのままに　じょうどのてらへ　まいりこそすれ
五十　よろずこそ　はんたなりとも　おこたらず　しょびょうなかれと　のぞみいのれよ
五十一　さいほうを　よそとはみまじ　あんようの　てらにまいりて　うくるじゅうらく
五十二　たいさんへ　のぼればあせの　いでけれど　のちのよおもえば　なにのくもなし
五十三　らいごうの　みだのひかりの　えんみょうじ　てりそうかげは　よなよなのつき
五十四　くもりなき　かがみのえんと　ながむれば　のこさずかげを　うつすものかな
五十五　このところ　みしまにゆめの　さめぬれば　べつぐうとても　おなじすいじゃく

五十六　みなひとの　まいりてやがて　たいさんじ　らいせのいんどう　たのみおきつつ
五十七　このよには　ゆみやをまもる　やはたなり　らいせはひとを　すくうみだぶつ
五十八　たちよりて　されいのどうに　やすみつつ　ろくじをとなえ　きょうをよむべし
五十九　しゅごのため　たててあがむる　こくぶんじ　いよいよめぐむ　やくしなりけり
六十　たてよこに　みねややまべに　てらたてて　あまねくひとを　すくうものかな
六十一　のちのよを　おもえばまいれ　こうおんじ　とめてとまらぬ　しらたきのみず
六十二　さみだれの　あとにいでたる　たまのいは　しらつぼなるや　いちのみやかわ
六十三　みのなかの　あしきひほうを　うちすてて　みなきちじょうを　のぞみいのれよ
六十四　まえはかみ　うしろはほとけ　ごくらくの　よろずのつみを　くだくいしづち
六十五　おそろしや　みつのかどにも　いるならば　こころをまろく　じひをねんぜよ
六十六　はるばると　くものほとりの　てらにきて　つきひをいまは　ふもとにぞみる
六十七　うえおきし　こまつおてらを　ながむれば　のりのおしえの　かぜぞふきぬる
六十八　ふえのねも　まつふくかぜも　ことひくも　うたうもまうも　のりのこえごえ
六十九　かんおんの　だいひのちから　つよければ　おもきつみをも　ひきあげてたべ
七十　もとやまに　だれかうえける　はななれや　はるこそたおれ　たむけにぞなる
七十一　あくにんと　ゆきつれなむも　いやだにじ　ただかりそめも　よきともぞよき
七十二　わずかにも　まんだらおがむ　ひとはただ　ふたたびみたび　かえらざらまし

七十三　まよいぬる　ろくどうしゅじょう　すくわんと　とうときやまに　いずるしゃかでら
七十四　じゅうにしん　みかたにもてる　いくさには　おのれとこころ　かぶとやまかな
七十五　われすまば　よもきえはてじ　ぜんつうじ　ふかきちかいの　のりのともしび
七十六　まことにも　しんぶつそうを　ひらくれば　しんごんかじの　ふしぎなりけり
七十七　ねがいをば　ぶつどうりゅうに　いりはてて　ぼだいのつきを　みまくほしさに
七十八　おどりはね　ねんぶつとなう　どうじょうじ　ひょうしをそろえ　かねをうつなり
七十九　じゅうらくの　うきよのなかを　たずぬべし　てんのうさえも　さすらいぞある
八十　くにをわけ　のやまをしのぎ　てらでらに　まいれるひとを　たすけましませ
八十一　しもさむく　つゆしろたえの　てらのうち　みなをとなうる　のりのこえごえ
八十二　よいのまの　たえふるしもの　きえぬれば　あとこそかねの　ごんぎょうのこえ
八十三　さぬきいちの　みやのみまえに　あおぎきて　かみのこころを　だれかしらゆふ
八十四　あずさゆみ　やしまのみやに　もうでつつ　いのりをかけて　いさむもののふ
八十五　ぼんのうを　むねのちかにて　やくりをば　しゅぎょうじゃならで　たれかしるべき
八十六　いざさらば　こよいはここに　しどのてら　いのりのこえを　みみにふれつつ
八十七　あしびきの　やまどりのをの　ながおでら　あきのよすがら　みなをとなえよ
八十八　なむやくし　しょびょうなかれと　ねがいつつ　まいれるひとは　おおくぼのてら
高野山　ありがたや　たかののやまの　いわかげに　だいしはいまも　おわしますなる

たかのやま　むすぶいおりに　そでくちて　こけのしたにぞ　ありあけのつき
あじのこが　あじのふるさと　たちいでて　またたちかえる　あじのふるさと

Ⅱ 札所案内

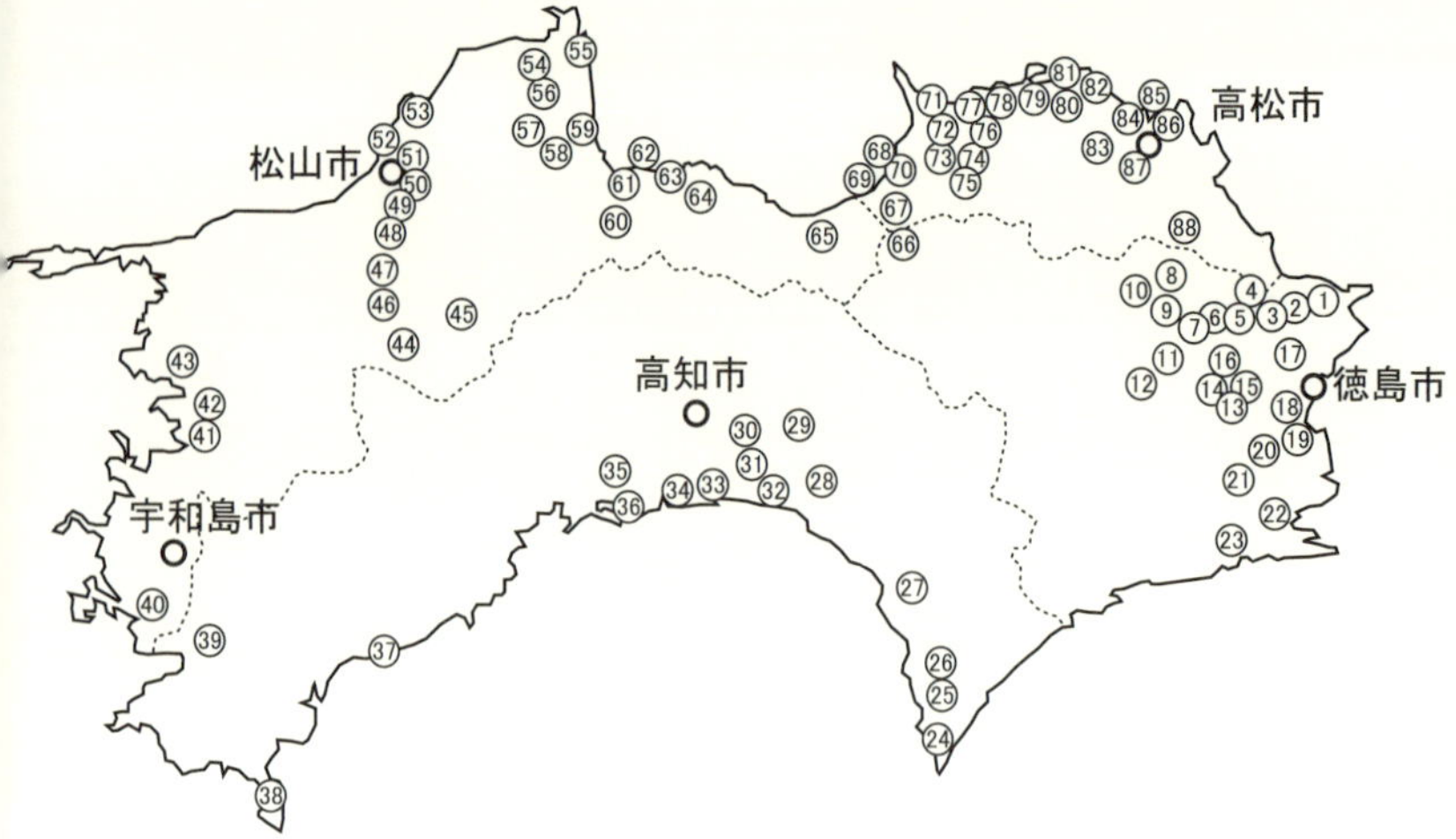

番号	寺　　名	番号	寺　　名	番号	寺　　名	番号	寺　　名
1	竺和山霊山寺	23	医王山薬王寺	45	海岸山岩屋寺	67	小松尾山大興寺
2	日照山極楽寺	24	室戸山最御崎寺	46	医王山浄瑠璃寺	68	七宝山神恵院
3	亀光山金泉寺	25	宝珠山津照寺	47	熊野山八坂寺	69	七宝山観音寺
4	黒巌山大日寺	26	龍頭山金剛頂寺	48	清瀧山西林寺	70	七宝山本山寺
5	無尽山地蔵寺	27	竹林山神峯寺	49	西林山浄土寺	71	剣五山弥谷寺
6	温泉山安楽寺	28	法界山大日寺	50	東山繁多寺	72	我拝師山曼荼羅寺
7	光明山十楽寺	29	摩尼山国分寺	51	熊野山石手寺	73	我拝師山出釈迦寺
8	普明山熊谷寺	30	百々山善楽寺	52	瀧雲山太山寺	74	医王山甲山寺
9	正覚山法輪寺	31	五台山竹林寺	53	須賀山圓明寺	75	五岳山善通寺
10	得度山切幡寺	32	八葉山禅師峰寺	54	近見山延命寺	76	鶏足山金倉寺
11	金剛山藤井寺	33	高福山雪蹊寺	55	別宮山南光坊	77	桑多山道隆寺
12	摩盧山焼山寺	34	本尾山種間寺	56	金輪山泰山寺	78	仏光山郷照寺
13	大栗山大日寺	35	醫王山清瀧寺	57	府頭山栄福寺	79	金華山高照院
14	盛寿山常楽寺	36	独鈷山青龍寺	58	作礼山仙遊寺	80	白牛山國分寺
15	薬王山国分寺	37	藤井山岩本寺	59	金光山国分寺	81	綾松山白峯寺
16	光耀山観音寺	38	蹉蛇山金剛福寺	60	石鈇山横峰寺	82	青峰山根香寺
17	瑠璃山井戸寺	39	赤亀山延光寺	61	栴檀山香園寺	83	神毫山一宮寺
18	母養山恩山寺	40	平城山観自在寺	62	天養山宝寿寺	84	南面山屋島寺
19	橋池山立江寺	41	稲荷山龍光寺	63	密教山吉祥寺	85	五剣山八栗寺
20	霊鷲山鶴林寺	42	一𤥻山佛木寺	64	石鉄山前神寺	86	補陀落山志度寺
21	舎心山太龍寺	43	源光山明石寺	65	由霊山三角寺	87	補陀落山長尾寺
22	白水山平等寺	44	菅生山大寶寺	66	巨鼇山雲辺寺	88	医王山大窪寺

一　阿波の札所

一番　霊山《りょうぜん》寺《じ》（竺和山一乗院）　鳴門市大麻町板東塚鼻一二六

本尊　釈迦如来　開基　行基　天平年間（七二九―四九）　高野山真言宗

1番霊山寺の山門

行基（六六八―七四九）が聖武天皇（在位七二四―四九）の勅願で開いた。弘仁六年（八一五）、弘法大師が霊場を開こうと当地に巡錫したとき、たくさんの菩薩が座られて、釈迦如来の霊鷲山《りょうじゅせん》での説法にそっくりだと観じ、霊山寺と名づけ、持仏の釈迦如来を納め、霊場の開設祈願をしたという。白鳳時代の身丈三寸の誕生仏が残っている。天正年間（一五七三―九二）の兵火で炎上、明治二十四年（一八九一）の火災で本堂と多宝塔を残し焼失。現在の堂塔はその後の再建。

　仁王門を入ると正面奥に本堂。左手に縁結び観音、多宝塔。応永年間（一三九四―一四二八）の建築で五智如来を祀る。右手の放生《ほうじょう》池には鯉が放たれ、前には紀州（和歌山県）の講が毎春接待所を設けている。池のさらに右手に

2番極楽寺の境内。中央奥の高木が長命杉

大師堂。本堂手前左に十三仏堂。納経所兼売店は本堂右側と大師堂裏の二か所。元宿坊だった建物は観光バス遍路向けの臨時売店として使われている。

寺の売店または門前一番街の店舗で、遍路用品がすべて揃う。JR高徳線板東駅下車徒歩十分。高速バス高松線で高速鳴門西下車徒歩三十分。徳島駅前または、鳴門駅前から徳島バス霊山寺前下車すぐ。二番へ一・二キロ。徒歩十五分、車五分。

二番　極《ごく》楽《らく》寺《じ》（日照山無量寿院）　鳴門市大麻町桧段の上一二

本尊　阿弥陀如来　開基　行基　奈良時代　高野山真言宗

行基の開基で、弘法大師が弘仁六年、無量寿の秘法を修して結願の三七日（二十一日）これを刻んで安置した。そこから発する光があまりに輝き漁の妨げになると、人工の山を作って遮ったという故事がある。本尊阿弥陀如来は弘法大師作と伝えられ重文。天正年間の兵火で焼失したが、本堂は万治元年（一六五八）の再建。

仁王門を入って右手に極楽浄土をイメージした庭園が広がる。ここを抜けて仏足石がある。四十四段の階段を上ったところに本堂。右奥に大師堂があり、安産大師といわれる。大師堂前に「おもかるさん抱き地蔵」。信心深い人は軽々と石を持ち上げられるという。方丈の前の大杉は大師お手植えとされる樹齢千二百年の長命杉。高さ三十一メートル、周囲六メートル。触れてご利益を得ようとする人が多く、現在は樹勢が衰えるのを懸念、囲いをして、綱を通じて縁結びをするようになっている。納経所は仁王門左手の売店の中。団体は宿坊を兼ねる本坊で。寺の売店で遍路用品が揃う。JR高徳線阿波川端駅下車徒歩二十分。高速バス高松線で高速鳴門西下車徒歩十五分。徳島バス二番札所前下車すぐ。三番へ二・六キロ。徒歩四十分、車十分。

3番金泉寺の黄金井戸

三番　金《こん》泉《せん》寺《じ》（亀光山釈迦院）　板野町大寺亀山下六六

本尊 釈迦如来　開基 行基　天平年間　高野山真言宗

聖武天皇の勅願で行基が天平年間に創設、金光明寺と賜号。釈迦、阿弥陀、薬師の三如来を本尊として安置。弘法大師巡錫のおり、日照りに苦しむ住民のために掘った井戸はいまも長寿をもたらす黄金井戸として、黄金地蔵尊とともに霊験あらたか。寺名を金泉寺に改めた。井戸に姿が映れば長寿、映らなければ三年以内に死ぬという伝説がある。亀山法皇（天皇在位一二五九―七四）が再興。千手観音を安置し、山号を亀光山と賜号された。天正十年（一五八二）の兵火で焼失。

仁王門を入り、橋を渡る。正面に本堂、左に不動堂。右手に大師堂。八角観音堂との間を入っていくと黄金井戸。本堂裏には長慶天皇陵（在位一三六八—八三）。本堂と大師堂の間に弁天池があり倶利伽羅龍王像。納経所は境内左側。納経所前に弁慶の力石。源平合戦（元暦二年＝一一八五）のおり、源義経が屋島に向かう際に、金泉寺で先勝祈願をした。そのときに弁慶が力試しに持ち上げたといわれる。

ＪＲ高徳線板野駅下車徒歩十五分。徳島バス板野駅前下車徒歩十五分。四番へ五キロ。徒歩一時間三十分、車十五分。

四番　大日寺《だいにちじ》（黒厳山遍照院）　板野町黒谷居内五

本尊　大日如来　開基　弘法大師　弘仁六年（八一五）　東寺真言宗

弘法大師巡錫のおりの開基と伝えられ、大師が長く滞在して修法したという。本尊大日如来は一尺八寸の秘仏で大師が感得して刻まれたという。一時さびれ、天和貞享（一六八一—八八）のころ再建。阿波藩主・蜂須賀家の帰依が篤かった。黒谷寺と呼ばれた時期もあった。

山懐に抱かれた幽玄な雰囲気の寺。橋を渡り鐘楼門をくぐると、正面奥に本堂、右手に大師堂、左手に納経所。本堂と大師堂の間は回廊になっており、西国三十三観音像が祀られている。明和年間（一七六四—七二）に大坂の信者が奉納したという。

徳島バス大日寺口下車徒歩十五分。五番へ二キロ。徒歩二十五分、車五分。

五番　地蔵寺《じぞうじ》（無尽山荘厳院）　板野町羅漢林東五
本尊 延命地蔵　開基 弘法大師　弘仁十二年　真言宗御室派
嵯峨天皇（在位八〇九―二三）の勅願で弘法大師が開創。大師は一寸八分の勝軍地蔵を彫り安置。のち浄函上人が一尺七寸の延命地蔵を彫り、胎内に大師作の勝軍地蔵を納めたという。かつては三百の末寺を擁し、塔頭《たっちゅう》二十六か寺を数えたというが、天正年間（一五七三―九二）の兵火で焼失、その後徐々に再建された。
仁王門をくぐると左手奥に本堂、右手奥に大師堂。正面に方丈。大師堂手前に樹齢八百年の大銀杏。方丈脇に水琴窟。納経所は方丈右側にある。
本堂左の参道を回り込み、石段を上ったところに奥の院五百羅漢。安永四年（一七七五）、実聞、実名の兄弟僧が創建。大正四年（一九一五）焼失、昭和初期にかけて再建された。コの字型の羅漢堂の正面に釈迦如来、右に弥勒菩薩、左に弘法大師像を安置、回廊で結ばれ羅漢像が並ぶ。
徳島バス羅漢下車徒歩五分。六番へ五・三キロ。徒歩一時間二十分、車十五分。

六番　安楽寺《あんらくじ》（温泉山瑠璃光院）　上板町引野寺の西北八
本尊 薬師如来　開基 弘法大師　弘仁六年　高野山真言宗
昔、北二キロほど山のほうの安楽寺谷に温泉があって、諸病平癒のご利益久しく、弘法大師が薬師如来を刻み精舎《しょうじゃ》を建てたという。いつの時代か温泉が枯渇、天正年間の兵火で焼失、万治

6番安楽寺の山門

年間（一六五八―六一）に現在地に移転し再建された。徳島藩主・蜂須賀家政の駅路寺政策のおりには、瑞雲寺と称したこともあった。

唐風の仁王門をくぐり、正面奥に本堂。左手に放生池があり、脇に「さか松」という大師お手植えの松がある。大師の修行中に、猟師が誤って放った矢の的となって、身代わりになったと伝えられる。右手前に宿坊を兼ねる本坊、奥に大師堂。宿坊には平成になってからあらたに掘り当てた温泉がある。納経は本堂。

本尊薬師如来は昭和三十七年、四国遍路で奇跡的に脊椎カリエスが治った愛知県尾西市の水谷しづ・繁治夫妻が奉納した。胎内に大師作薬師如来が納められている。先々代住職の畠田禅峰師に勧められて遍路をし、二十七番神峯寺の急な参道で奇跡が起こり、歩けるようになったという。このほか松本明慶師による仏像三十五体が祀られている。

徳島バス東原下車徒歩十分。七番へ一・二キロ。徒歩十五分、車五分。

七番　十《じゅう》楽《らく》寺《じ》（光明山蓮華院）　阿波市土成町高尾法教田五八

本尊 阿弥陀如来　開基 弘法大師　大同年間（八〇六―一〇）　高野山真言宗

もとは北三キロ奥の十楽寺谷に大伽藍があったという。弘法大師が巡錫中、阿弥陀如来を感得し、本尊を刻んだ。八苦を除き十の光明に輝く楽しみを得られるように、と十楽寺と名付けた。天正十年（一五八二）の兵火で焼失し、寛永十一年（一六三四）現在地に移転し再建。

龍宮門ともいわれる中国風の鐘楼門をくぐると脇に水子地蔵。階段を上ると中国風の中門がある。愛染堂を兼ねている。正面に本堂、右手に宿坊を兼ねた本坊。宿坊は最近建て直され、都心のビジネスホテル並みの設備が整っている。本堂左手階段を上ったところに大師堂。途中に盲目の治療に霊験があるという治眼疾目救済地蔵。納経は本坊。

公共交通機関利用不可。八番へ四・二キロ。徒歩一時間、車十五分。

7番十楽寺の山門

八番　熊《くま》谷《だに》寺《じ》（普明山真光院）　阿波市土成町土成前田一八五

本尊 千手観音　開基 弘法大師　弘仁六年　高野山真言宗

弘法大師が巡錫のおり、閼伽《あか》ヶ岳で修行中、熊野権現が出現、千手観音を安置せよとのお告げがあり、一寸八分の金の観音像を授けた。大師はその場に一宇を建立、自ら等身大の千手観音を刻み、その胸の中に金像を納めた。昭和二年（一九二七）の火災で焼失、同四十六年に再建された。

仁王門は貞享四年（一六八七）の建立で間口九メートル、高さ十二・三メートルと木造では四国最大級。二層目の天井には極彩色の天女像が描かれている。しばらく坂を上り左手に納経所を兼ねた本坊。駐車場がある。右手に弁天池。坂の左手に安永三年（一七七四）建立の多宝塔。胎蔵界大日如来と金剛界四仏が祀られている。中門をくぐり階段を上って正面に本堂。さらに左手の階段を三十六段上り大師堂に至る。宝永四年（一七〇七）の建立。

公共交通機関利用不可。九番へ二・四キロ。徒歩三十分、車十分。

九番　法輪寺《ほうりんじ》（正覚山菩提院）　阿波市土成町土成田中一九八―二

本尊　涅槃釈迦如来　開基　弘法大師　弘仁六年　高野山真言宗

本尊は弘法大師の作と伝えられ、四国霊場唯一の涅槃像。大師が巡錫中に白蛇に会い、白蛇が仏の遣いであることから刻んだという。もとは北四キロの法地ヶ渓に、白蛇山宝林寺と称して壮大な伽藍を誇っていたという。天正年間の兵火で焼失、正保年間（一六四四―四八）に移転再建、現在の寺号になった。安政四年（一八五七）の火事で焼失、現在の堂塔は明治時代の再建。

仁王門を入り、正面奥が本堂、右に大師堂、左に納経所。本堂には健脚願掛けの草鞋が多く奉納されている。名物の草餅はもと境内で販売が許されていたが、現在は門前の店舗で。

公共交通機関利用不可。十番へ三・八キロ。徒歩一時間、車十五分。

十番　切《きり》幡《はた》寺《じ》（得度山灌頂院）　阿波市市場町切幡観音一二九

本尊 千手観音　開基 弘法大師　弘仁年間（八一〇―一二四）　高野山真言宗

弘法大師が修法中、山麓に機織娘がいた。大師が衣服を繕う布を所望したところ、娘は織っている布を惜しげもなく差しだした。この行為に感動し、娘の願いを聞くと「亡き父母のために観音像を造り仏門に入りたい」という。大師が千手観音を刻み、娘に灌頂を授けたところ、即身成仏、光り輝く千手観音の姿に変身したという。大師は嵯峨天皇に奏請して寺を建立した。

切幡山の中腹、標高一五五メートルにある。麓から五百メートルほど急坂を上り仁王門。三三三段の石段を上って境内中心部へ。正面に本堂、右手に大師堂、左手に納経所。本尊は二体あり、弘法大師作の像が南向に、女人即身成仏の像を北向きに安置しているがこちらは秘仏。本堂裏から参拝する風習がある。本堂右に「はたきり観音」の銅像。本堂左手の階段を上ると大塔。豊臣秀頼が秀吉の菩提を弔うために建てたもので、明治六年（一八七三）に大阪の住吉神社神

10 切幡寺参道の 333 段の石段

宮寺から移築した。さらに山を登ったところに奥の院八祖大師堂がある。御詠歌金剛流の流祖・曽我部俊雄得度の寺。

公共交通機関利用不可。十一番へ九・三キロ。徒歩三時間、車三十分。

十一番　藤《ふじ》井《い》寺《でら》（金剛山一乗院）　吉野川市鴨島町飯尾一五二五

本尊　薬師如来　開基　弘法大師　弘仁六年　臨済宗妙心寺派

大師四十二歳のとき、薬師如来を刻んで寺を建てた。山中にある八畳岩の上に護摩壇を築き、七日間の修法を行って、堂塔の前に五色の藤を植えた。天正年間（一五七三―九二）の兵火で焼失、延宝二年（一六七四）に臨済宗の南山国師が再建、天保三年（一八三二）に火災で焼失。現在の伽藍は万延元年（一八六〇）の再建。本尊薬師如来は重文。

仁王門をくぐり右手に大師お手植えと伝える藤棚。突き当りを右に曲がり、階段を上って正面奥が本堂。天井の雲龍画は林雲渓作。右手に大師堂。その手前に納経所。本堂左手に八臂白龍弁財天。本堂左脇から焼山寺への遍路道がある。四百メートル上がったところに大日如来を祀る奥の院。途中、四国八十八ヶ所と西国三十三所の写し霊場の石仏がある。

ＪＲ徳島線鴨島駅下車徒歩四十分。徳島バス鴨島下車徒歩三十分。十二番へ十二・九キロ。徒歩六時間。車四十キロ、二時間。

十二番　焼《しょう》山《さん》寺《じ》（摩廬山正寿院）　神山町下分地中三一八

本尊　虚空蔵菩薩　開基　役小角《えんのおづぬ》　大宝年間（七〇一―〇五）　高野山真言宗

焼山寺山（標高九八三メートル）の八合目（標高八百メートル）にある。伝説では役行者が飛鳥時代に蔵王権現を祀る山を開く。山に大蛇が住んでいて村里の人や作物に火を吐いて害を与えていた。弘仁六年（八一五）大師が登ると、大蛇は妨げようと満山を火の海にしたが、大師が封印。九合目の岩窟に大蛇を封じ込めたという。虚空蔵菩薩を刻んで安置。蔵王権現を祀る山上の奥の院への途上、封じ込めたという岩窟がある。後醍醐天皇（在位一三一八―三九）の勅願所となった。

12番焼山寺下山道にある杖杉庵の衛門三郎と弘法大師像

藤井寺からの徒歩遍路道は長戸庵（吉野川市鴨島町敷地長戸）、柳水庵（神山町阿野松尾）、浄蓮庵（一本杉庵、神山町左右内）を経て十二・九キロ、六―八時間の道のり。阿波最大の難所といわれる。車道と合流した駐車場手前から参道が伸び山門に至る。階段を上って途中左手に納経所、上り切って正面に本堂、右に大師堂、左に三面大黒天を祀る大黒天堂、さらに左に宿坊。さらに左側から奥の院への道がある。

鍋岩への下山遍路道を一・六キロ下ったところに杖《じょう》

杉庵《しんあん》（神山町下分馬路）。四国遍路の元祖といわれる衛門三郎終焉の地で、墓標代わりの杖が杉の大木になったとのいい伝えがあるが、その杉は枯れ、現在は二代目が植えられている。三郎の墓といわれる石塔がある。

徳島駅前から徳島バス寄居中下車、神山町営バスに乗換十分焼山寺下車、徒歩一時間三十分。車は駐車場から徒歩十分。十三番へ二十一キロ。徒歩八時間。車二十七キロ、一時間。

十三番　大日寺《だいにちじ》（大栗山華蔵院）　徳島市一宮町西丁二六三

本尊 十一面観音　開基 弘法大師　弘仁六年　真言宗大覚寺派

弘法大師が森に堂を結び、護摩修法をしているときに大日如来が出現。お告げに従い大師が大日如来を刻み、一宇を建立した。天正年間の兵火で焼失、のちに再建。一宮の別当寺として栄えたが、明治の神仏分離で、本地である十一面観音を移遷して安置した。十一面観音は行基作と伝える。もとの本尊大日如来は脇持になった。前住職遷化ののち、妻の韓国人舞踊家が住職となった。

平成になってから作られた山門（薬医門）をくぐると、左手に本堂、右手に大師堂。正面に本坊があり、納経所は右側。本堂裏に宿坊がある。本坊前に「しあわせ観音」。もとは四国観音霊場十五番が新奥の院・国中寺（徳島市一宮町東丁）にあったが、札所とともに大日寺に移設された。ちなみに奥の院は建治寺（徳島市入田町金治、四国不動十二番）とされる。

県道を隔てて南側にある一宮神社が本来の札所である。祭神は大宜都比売命《おおげつひめのかみ》。同神社は阿波の総鎮守とされる。同一境内にあった別当寺は一の宮寺と呼ばれ納経所であった。

徳島バス一宮札所前下車すぐ。十四番へ二・三キロ。徒歩三十五分、車十分。

十四番　常楽寺《じょうらくじ》（盛寿山延命院）　徳島市国府町延命六〇六

本尊 弥勒菩薩　開基 弘法大師　弘仁六年　高野山真言宗

弘法大師巡錫のおり、当地で弥勒菩薩の来迎を拝し、随喜のあまり感得の二尺六寸の尊像を彫り安置した。のち甥の真然《しんぜん》僧正が金堂を建立。祈親上人によって伽藍が整えられた。天正年間の兵火で焼失。文化十五年（一八一八）に再建された。一枚岩である流水岩の上に建っている。山門はない。石段を約五十段上ると「流水岩の庭」にでる。正面奥が本堂。右側に大師堂。手前に納経所。本堂前に「あららぎ大師」。アララギの霊木があり、木の股に小さな石像の大師が祀られている。養護施設「常楽園」は戦災孤児のための社会福祉施設。奥の院慈眼寺は本尊十一面観音、杉の木に刻んだ生木地蔵がある。

徳島バス常楽寺前下車徒歩七分。十五番へ〇・八キロ。徒歩十分、車五分。

十五番　国分寺《こくぶんじ》（薬王山金色院）　徳島市国府町矢野七一八—一

本尊 薬師如来　開基 行基　天平十三年（七四一）　曹洞宗

15 番国分寺の山門。奥に本堂

聖武天皇（在位七二四―四九）の勅命で阿波の国分寺として、行基が建立。釈迦如来の尊像と『大般若経』を納めた。本堂には光明皇后の位牌厨子を奉祀したといわれ、薬師如来は行基の自刻と伝える。もと法相宗《ほっそうしゅう》であったが、弘法大師が巡錫のおりに真言宗に改める。天正年間の兵火にかかるまでは、広大な寺域に七堂伽藍が立ち並んでいたという。寛保元年（一七四一）に本堂を再建、曹洞宗となった。大師堂は天保年間（一八三〇―四四）に再建されたが、ふたたび焼失、平成二十六年に再建された。

仁王門をくぐると正面奥に本堂、右側に烏瑟沙摩《うすさま》明王堂。新しい大師堂との間を通り納経所に至る。境内には七重塔心礎など、昔の伽藍をしのばせる礎石が多く残っている。本堂横には国名勝の庭園がある。泉水庭と枯山水の合わさった独自の様式。

徳島バス国分寺前下車徒歩十分。十六番へ一・八キロ。徒歩三十分、車十分。

十六番　観《かん》音《おん》寺《じ》（光耀山千手院）　徳島市国府町観音寺四九―二

本尊　千手観音　開基　弘法大師　天平十三年　高野山真言宗

聖武天皇勅願の道場として行基が創立。弘仁七年（八一六）、大師巡錫のおり、娑婆世界有縁《うえん》の導師たる大慈大悲の千手観音を自ら刻み、脇侍の不動明王は悪魔降伏、毘沙門天は鎮護国家のために刻んだ。天正年間の兵火で衰微し、万治元年（一六五八）再建。梵字の光明真言印判は、大師直筆を伝えるものして信仰が篤い。

街中の小規模な寺。鐘楼門をくぐると正面が本堂、右手に大師堂、左手に納経所。大師堂右側に夜泣き地蔵。子供の夜泣きに霊験がある。境内に阿波総社。

ＪＲ徳島線府中駅下車徒歩十五分。徳島バス観音寺北下車徒歩五分。十七番へ二・八キロ。徒歩四十五分、車十五分。

十七番　井戸寺《いどじ》（瑠璃山真福院）　徳島市国府町井戸北屋敷八〇―一

本尊　七仏薬師如来　開基　天武天皇　天武天皇二年（六七三）　真言宗善通寺派

天武天皇（在位六七三―八六）の勅願。もと、妙照寺と号し、阿波国司庁に隣接し繁栄した。弘仁六年、弘法大師が四国霊場開創のみぎり、身丈八尺の十一面観音（重文）を刻んで安置。村が日照りで困っていたので、大師自ら錫杖で一夜のうちに井戸を掘り、井戸寺と改めた。井戸は「面影の井戸」と称し日限大師が祀られている。貞治元年（一三六二）、細川頼之の兵乱で焼失、さらに天正年間の兵火で焼失、万治四年（一六六一）に再興されたものの、現在の本堂は昭和四十三年の火災後再建されたものである。

17番井戸寺の面影の井戸

朱塗りの鮮やかな大門をくぐると正面奥が本堂。本尊の七体の薬師像は聖徳太子の作と伝える。脇持の日光・月光《がっこう》菩薩は伝基作と伝える。四天王、十二神将も安置され、拝観できる。右に光明殿と大師堂。左に面影の井戸と本坊、観音堂。宿坊は廃業した。納経所は本坊。

徳島バス井戸寺口下車すぐ。十八番へ十八キロ。徒歩五時間、車一時間。

十八番　恩《おん》山《ざん》寺《じ》（母養山宝樹院）　小松島市田野町恩山寺谷四〇

本尊　薬師如来　開基　行基　天平年間（七二九―四九）　高野山真言宗

聖武天皇の勅願。薬師如来は行基が厄除けのために刻み安置。大日山福生院密厳寺と称した。延暦年間（七八二―八〇六）、弘法大師が滞留。母・玉依御前が訪ねてきたが、女人禁制だったため、解禁の祈念を七日間行って成就し、母を迎えた。母は剃髪し髪を奉納。弘仁五年（八一四）、自ら像を刻み大殿（現大師堂）に安置したという。天正年間の兵火で焼失、文政年間（一八一八―三〇）の再建。

麓にある山門を横目に参道を登ると、途中に大師が母を迎えた記念に植えた「びらん樹」。上りきったところに修行大師像。石段を上った正面に本堂。石段手前左側に大師堂。隣接して玉依御前を祀る母公堂。右側に釈迦十大弟子を祀る地蔵堂。奥に納経所。「摺袈裟」のお守りは当山のみ。

徳島バス恩山寺前下車徒歩十分。十九番へ四キロ。徒歩一時間十分、車十五分。

19番立江寺の境内

十九番　立《たつ》江《え》寺《じ》（橋池山摩尼院）　小松島市立江町若松一三

本尊　延命地蔵　開基　行基　天平十九年（七四七）　高野山真言宗

聖武天皇の勅願寺。行基が光明皇后の安産を願って一寸八分の黄金の地蔵菩薩を安置。弘仁六年、弘法大師が逗留し、六尺の地蔵菩薩を刻み、小像を胸の中に納め安置し、寺号を立江寺とした。天正年間の兵火で罹災、阿波藩主・蜂須賀家政により再興された。現在の本堂は昭和四十九年の火災後、同五十二年に再建された。

阿波の関所寺といわれる。邪な心を持った人はそれ以上進めなくなるという。四国各国には関所寺がある。享和三年（一八〇三）、大坂・新町の芸者お京が不義密通をし夫要助を殺害、鍛冶屋長蔵と四国へ流れてきた。心中を果たせず遍路をする。立江寺で髪が鉦の緒に巻きつく天罰があり、懺悔《さんげ》したところ肉とともに髪がはがれた。お京は改心して庵を結ぶ。境内にお京の黒髪を祀る黒髪堂。恩山寺からの遍路道沿いの庵を結んだ場所には、番外札所「お京塚」（小松島市田野町天王谷）がある。

仁王門をくぐると左手に本堂、右手奥に大師堂。正面に宿坊を兼ねる本坊。納経所も本坊。本堂右に観音堂、左に護摩堂。大師堂右に黒髪堂。

ＪＲ牟岐線立江駅下車徒歩十分。二十番へ十三・一キロ。徒歩五時間、車一時間。

二十番　鶴《かく》林《りん》寺《じ》（霊鷲山宝珠院）　勝浦町生名鷲ヶ尾一四

本尊 地蔵菩薩　開基 弘法大師　延暦十七年（七九八）　高野山真言宗

弘法大師が修行中、雌雄二羽の白鶴が翼を広げ、小さな黄金の地蔵を守護していた。大師は三尺ほどの地蔵菩薩を刻み、三寸の黄金仏を胎内に納めて一宇を建立、寺号を鶴林寺とした。延暦十七年のことで桓武天皇（在位七八一―八〇六）の勅願をもって七堂伽藍を造営した。以後、源頼朝・義経、蜂須賀家政などの帰依が篤かった。

標高五五〇メートルの山上にある。仁王門には阿吽《あうん》の形の二羽の鶴が祀られている。参道を行き右側の石段を上った正面が本堂。前に阿吽二羽の鶴の銅像。本堂右に三重塔。文政六年（一八二三）の建立。石段下左側に護摩堂、大師堂、さらに左が納経所。前にあった宿坊は廃業。

本尊は矢負い地蔵といい重文。昔猟師が猪に矢を放ち、たどっていくと本堂で、地蔵菩薩の胸に矢が当たり血を流していたという。猟師は殺生《せっしょう》を懺悔し仏門に入った。本尊の胸にその傷が残っているという。

徳島バス生名下車徒歩一時間三十分。車は駐車場から徒歩五分。二十一番へ六・七キロ。徒歩三時間。車はロープウェイ駅まで十一キロ、三十分。

21番太龍寺の参道。奥に本堂

二十一番　太《たい》龍《りゅう》寺《じ》（舎心山常住院）　阿南市加茂町龍山二一

本尊　虚空蔵菩薩　開基　弘法大師　延暦十二年　高野山真言宗

桓武天皇の勅願寺。「西の高野」といわれる。標高六一〇メートルの地に弘法大師が建立。自ら『三教指帰《さんごうしいき》』に「太瀧嶽で勤念す」と書いた、百日間の虚空蔵求聞持法の修行をした地である。十九歳ごろのこととされる。天正年間（一五七三―九二）の兵火をはじめ、いくたびか落雷や火災に遭い、寛永五年（一六二八）に再建。本堂は平成二十三年の台風六号で杉の大木が倒れて損壊、同二十四年に修復された。平成四年にロープウェイが開通するまでは難所として知られていた。

鶴林寺からの遍路道で九合目をすぎたあたりに仁王門。番外北舎心への分岐を過ぎ山上の境内に至る。右手に本坊。迫力のある龍天井がある。竹村松嶺の作。本坊内に納経所。中門があり石段を上る。道が分岐しており左手奥に本堂、右手奥に大師堂拝殿。拝殿の裏に大師堂があり、高野山奥の院を模した造りになっている。本堂と大師堂の間の山に多宝塔。納経所から石段の左側の道を行くとロープウェイ山頂駅。駅から新参道の石段を百段上ると本堂になる。ロープウェイは南の那賀町（旧鷲敷町）和食の鷲の里から川越え山越えの全長二七七五メートル。山頂駅から六百メートル山道を行くと、番外舎心嶽《しゃしんがたけ》（南舎心）。『三教指帰』にある大師修行の場所である。現在、大師像が岩の上に安置されている。

徳島バス和食東下車徒歩十五分でロープウェイ駅。ロープウェイ所要十分、二十分ごと。二十二番まで十・九キロ。徒歩四時間二十分。車はロープウェイ駅から十三・五キロ、三十分。

二十二番　平等寺《びょうどうじ》（白水山醫王院）阿南市新野町秋山一七七

本尊　薬師如来　開基　弘法大師　弘仁五年　高野山真言宗

弘仁五年、弘法大師巡錫のおり、厄除け祈願をしたところ、空に五色の霊雲がたなびき金色の梵字が現れ、加持をすると薬師如来の尊像が現れたという。祈禱に使う水を求めて井戸を掘ると、乳白色の水が湧きでたという。その水で清めた大師は百日の修行後、薬師如来を刻み安置。霊水は「弘法の水」「白水の井戸」「開運鏡の井戸」として、万病に効くといわれ信仰を集めている。もと は乳白色であったことから白水山というが、現在は透明である。天正年間の兵火で焼失、享保年間（一七一六―三六）に再興された。

仁王門をくぐり左手に大師堂、右手に納経所。正面奥の四十二段の石段を上ると本堂、左に不動堂。石段下脇に白水の井戸。足の不自由だった人が歩けるようになって奉納した躄車《いざりぐるま》が三台ある。裏山にはミニ八十八ヶ所。

ＪＲ牟岐線新野駅下車徒歩三十分。二十三番へ十九・七キロ。徒歩六時間、車四十分。

22番平等寺の境内。奥が本堂

二十三番　薬王寺《やくおうじ》（醫王山無量寿院）　美波町奥河内寺前二八五―一

本尊　薬師如来　開基　行基　神亀三年（七二六）

高野山真言宗

聖武天皇の勅願で行基が開基。弘仁六年、弘法大師が厄難を払うために誓願を立て、平城《へいぜい》天皇の勅命で、厄除け薬師如来を刻み本尊とした。嵯峨天皇、淳和天皇らが厄除け命令を下し官寺となった。文治四年（一一八八）の火災で、本尊が西の

23番薬王寺境内。手前が本堂、奥が瑜祇塔《ゆぎ》

玉厨子山に飛び去って難を逃れたという伝説があり、のちに後嵯峨天皇が伽藍を再建、あらたに薬師如来を開眼したところ、もとの本尊が戻り後ろ向《うし》きに本堂に入ったという。「後ろ向き薬師」として本堂裏から参拝する習わしがある。

厄除けの寺で知られる。仁王門をくぐり、右に曲がって突き当りから左手に石段がある。女厄坂三十三段、男厄坂四十二段。石段には厄年の人が厄除け祈願で一円玉などの硬貨を置いている。上ると正面に本堂、左に大師堂、地蔵堂。本堂右手から還暦厄坂六十一段があり、上りきったところに瑜祇《ゆぎ》塔。五智如来を祀る。地下の戒壇巡り（百円）で地獄絵図などを拝観。本堂左に肺大師、ラジウム泉で肺病に効くという。納経所は仁王門右側と、女厄坂と男厄坂の間を右に行ったところの二か所。宿坊あり。日帰り温泉もある。

JR牟岐線日和佐駅下車徒歩十分。二十四番へ七十六キロ。徒歩三日、車二時間。東洋町野根から室戸市佐喜浜までの十数キロの区間は、右は山、左は海の集落一つない「飛び石跳ね石ごろごろ石」といわれる難所で、単調な道である。

二　土佐の札所

二十四番　最御崎寺《ほつみさきじ》（室戸山明星院）　室戸市室戸岬町四〇五八—一
本尊　虚空蔵菩薩　開基　弘法大師　大同二年（八〇七）　真言宗豊山派

弘法大師は十九歳のころ、室戸岬で虚空蔵求聞持法《こくうぞうぐもんじほう》を修法し成満《じょうまん》したとされる。百日行の最終日に、明けの明星（金星）が口の中に飛び込んできたということが、自著『三教指帰《さんごうしいき》』に書かれている。唐での修行を終え帰朝した大師は、大同二年に悉地《しつじ》成就の地である室戸を再訪、虚空蔵菩薩を刻んで当山の本尊とした。嵯峨天皇以来、皇室の勅願所となった。長宗我部、山内両氏の庇護を受けた。

24番最御崎寺麓にある大師修行の地「御厨人窟」

　地元では「東寺《ひがしでら》」と呼ばれる。岬の山上にあり、仁王門をくぐると左手に土俵、大師堂、納経所がある。右手に鐘楼、多宝塔。正面に本堂、裏に宝物館。さらに奥に宿坊を兼ねる遍路センター。境内には鐘石といって、たたくと金属のような音のする石。食わず芋といって、大師が所望

25番津照寺の山門。奥に鐘楼門

したが、ことわったらほんとに食べられなくなったという伝説の残る芋が自生している。寺の南側には室戸岬灯台があり、太平洋が一望できる。

寺の東麓の登山口に、大師が一夜にして建立したという岩屋「観音窟」、海岸沿いを東北に回りこんだところに、「御厨人窟《みくろど》」（御蔵洞）という大師が求聞持修行した跡とされる洞窟がある。さらに北に高さ二十一メートルの「室戸青年大師像」。岬の周囲には大師の事跡にちなむ、亀の池、大師杖の跡、大師行水の池、水掛地蔵、高巌、月見の浜、龍宮巌、大師目洗いの池、灌頂の浜などがある。

高知東部交通バススカイライン入口下車徒歩二十分。二十五番へ六・五キロ。徒歩一時間三十分、車十五分。

二十五番　津照寺《しんしょうじ》（宝珠山真言院）　室戸市室津二六五二—イ

本尊　楫取《かじとり》地蔵　開基　弘法大師　大同二年　真言宗豊山派

大同二年、弘法大師はこの地を訪ね、高さ一メートルほどの延命地蔵を刻み、一字を建て、漁師のために海上安全を祈願した。長宗我部、山内両氏の庇護を受けたが、明治維新で廃寺となった。明治十六年（一八八三）復興。慶長七年（一六〇二）土佐藩主・山内一豊が室戸沖で嵐に遇い、忽然と現れた僧に導かれ室津港に避難できた。僧を追って本堂に行ってみると、本尊がびしょ濡れだったという伝説から、本尊を「楫取地蔵」という。

地元では「津寺《つでら》」と呼ぶ。山門をくぐり、右手に大師堂と納経所、本坊。正面の階段一二五段を登った丘の上に本堂。堂内には万体地蔵。振り返ると眼下に室津港、西方には二十六番のある行当岬が眺望できる。階段途中に龍宮を思わせる鐘楼門。

高知東部交通バス室戸下車徒歩十分。二十六番へ三・八キロ。徒歩一時間三十分、車十五分。

二十六番　金剛頂寺《こんごうちょうじ》（龍頭山光明院）　室戸市元乙五二三

本尊　薬師如来　開基　弘法大師　大同二年　真言宗豊山派

弘法大師が青年のころ観法し、修禅降魔《ごうま》した霊跡。大同二年、平城天皇の勅願で創建された。もとは金剛定寺と号したが、嵯峨天皇が金剛頂寺に改めた。淳和天皇の勅願所でもある。第二世智光上人は行力の聖人と讃えられ、弘法大師の入定《にゅうじょう》を聞き、自身も当寺で入定したという。地元では「西寺《にしでら》」と呼ぶ。

行当岬《ぎょうどう》の山上にあり、駐車場から六十一段の石段を登り切ったところに仁王門。正面に本堂。右手に鯨供養塔、鐘楼、智光上人入定地。本堂左に霊宝殿、手前に納経所。左へ回り込んで大師堂。西側に宿坊。境内には、大師が米を炊いたら一万倍に増えたという「一粒万倍の釜」、大師が天狗と問答して天狗を封じ込めたという天狗問答のレリーフ、ガン封じの椿などがある。天然記念物のヤッコソウが自生する。

もとは女人禁制で、麓の行当岬に女人堂であった不動堂がある。裏の海岸には、大師の修行跡とされる不動岩という洞穴のある岩場がある。

高知東部交通バス元橋下車徒歩四十五分。二十七番へ二十七・五キロ。徒歩十時間、車一時間十分。

二十七番　神峯寺《こうのみねじ》（竹林山地蔵院）　安田町唐浜二五九四

本尊 十一面観音　開基 行基　天平二年（七三〇）　真言宗豊山派

神功皇后の三韓征伐にあたり、勅命で天照大神ほかを祀ったのちに、聖武天皇の勅を受け行基が十一面観音の尊像を自作。弘法大師が神仏合祀の札所と定めた。土佐の関所寺といわれる。明治四年（一八七一）廃寺となり、札所の観音堂は神峯神社の本殿となる。明治二十年、中腹のもとの僧坊の跡に堂舎を建立し再興。三菱財閥を築いた岩崎弥太郎の母が日参し、息子の出世を祈願したことでも知られる。付近には「食わず貝」の伝説がある貝の化石が露頭にでている。

麓の唐浜から四キロほど急坂を登ったところにある「真っ縦」と呼ばれる難所。仁王門の右には神峯神社への参道が分かれる。神仏分離を実感させられる場所である。標高四五〇メートルほどの境内に入って、納経所の前に日本百名水の一つである石清水がある。樹齢数百年の大木と手入れされた低木に囲まれた階段を上って左に本堂。土佐湾を一望できる。右に歩いて大師堂。駐車場から仁王門に至る参道の途中に水谷繁治・しづ夫妻の記念碑。昭和三十七年、脊椎カリエスで歩けなかったしづさんを、おぶって登っていた繁治さんが転んで抱きかかえようとしたら、奇跡が起こってしづさんが自ら立てるようになった場所である。

土佐くろしお鉄道唐浜駅下車徒歩一時間三十分。二十八番へ三十八キロ。徒歩十一時間、車一時間。

二十八番　大《だい》日《にち》寺《じ》（法界山高照院）　香南市野市町母代寺四七六

本尊 金剛界大日如来　開基 行基　天平年間（七二九―四九）　真言宗智山派

聖武天皇の勅願で行基が開基。本尊は行基の作とされ重文。像高一四五センチは四国最大級。弘仁六年（八一五）弘法大師が四国巡錫のおりに中興。大日如来の縁日二十八日にちなみ二十八番札所とされたという。明治四年に廃寺となり同十七年再興。

三宝山の中腹にある。山門から階段を登ると左に鐘楼、大師堂。正面に本堂。右に地蔵堂、さらに右に本坊、納経所。一五〇メートル奥に行くと奥の院爪彫薬師堂。大師が楠の大木に爪で彫ったといわれる。首から上の病気にご利益があるという。脇に大師の御加持水。

土佐くろしお鉄道野市駅下車徒歩三十分。二十九番へ九・二キロ。徒歩二時間四十分、車三十分。

二十九番　国分寺《こくぶんじ》（摩尼山宝蔵院）　南国市国分五四六

本尊　千手観音　開基　行基　天平十三年（七四一）　真言宗智山派

聖武天皇の勅命で行基が開基。天皇自ら『金光明最勝王経』を書写して納め、金光明四天王護国之寺と定めた。弘法大師巡錫の弘仁六年、星供《ほしく》の秘法を修し中興した。歴代天皇の尊信が篤く、伽藍の維持が図られてきた。大正十一年（一九二二）史跡指定。『土佐日記』の作者・紀貫之が四年間滞在した土佐国府も近い。

29番国分寺の本堂（重文）

仁王門をくぐって、正面が金堂（本堂）。永禄元年（一五五八）長宗我部国親・元親が再建した。天平様式を残した柿葺《こけらぶ》き寄棟造りで重文に指定されている。左に大師堂、酒断ち地蔵。右側に鐘楼、梵鐘は重文。中門をくぐった先に光明殿、納経所。境内の枝垂れ桜は見事。

とさでん交通バス国分寺通下車徒歩五分。三十番へ六・九キロ。徒歩二時間、車二十分。

三十番　善楽寺《ぜんらくじ》（百々山東明院）　高知市一宮しなね二―二三―一一

本尊 阿弥陀如来　開基 弘法大師　大同年間（八〇六―一〇）　真言宗豊山派

桓武天皇の時代に、弘法大師が巡錫のおり、土佐一宮高嶋大明神の別当として、善楽寺と神宮寺を建立。山内氏の庇護を受けたが、明治の廃仏毀釈で、一宮は土佐神社となり、両寺は廃寺、本尊は国分寺に預けられた。明治九年（一八七六）、本尊を安楽寺（高知市洞ケ島町）に遷座、三十番とした。昭和四年（一九二九）当地に国分寺から大師像を迎え再興。以来、札所争いは絶えず、同三十九年に開創霊場を善楽寺、本尊奉安を安楽寺とし、二か寺を札所と定めることで一時決着したが、遍路を惑わすとして不評であった。平成六年、善楽寺を三十番とし、安楽寺を奥の院とすることで決着した。

もと札所であった土佐神社の東側に隣接。西から納経所、大師堂、本堂が並ぶ。本堂向かいに梅見地蔵、子安地蔵堂、水子供養堂が並ぶ。

ＪＲ土讃線土佐一宮駅下車徒歩二十分。とさでん交通バス一宮神社前下車徒歩五分。三十一番へ六・六キロ。徒歩二時間、車二十分。

三十一番　竹《ちく》林《りん》寺《じ》（五台山金色院）　高知市五台山三五七七

本尊 文殊菩薩　開基 行基　神亀元年（七二四）　真言宗智山派

聖武天皇の勅命で行基が唐の五台山を模して草創。天皇の霊夢に、唐の五台山に登り文殊菩薩を拝し、三解脱の法門を授けられた。本尊は行基の自作という。大同年間に弘法大師が巡錫、瑜《ゆ》

31番竹林寺の五重塔。左は大師堂

伽《が》行法を修し堂宇を補繕、中興した。土佐藩主・山内家の祈願寺として栄え、伽藍は土佐屈指の名刹で本堂は重文。純信、お馬の悲恋で知られる「よさこい節」の舞台になった寺である。

五台山の山上にあり、仁王門をくぐり階段を登ると右手に本堂、左手に大師堂。大師堂奥の一段高いところにある総檜造りの五重塔は高知県唯一。脇に一言地蔵。西参道にある奥の院船岡堂は、明治の廃仏毀釈から再興した船岡芳信和尚が即身成仏した地。仁王門右手に宝物館、納経所、方丈。方丈庭園は夢窓国師の作とされ国指定名勝。隣接地に高知県立牧野植物園がある。五台山上の展望台からは高知市内が一望できる。

とさでん交通MY遊バス竹林寺前下車すぐ。三十二番へ五・七キロ。徒歩二時間、車二十分。

三十二番　禅師峰寺《ぜんじぶじ》（八葉山求聞持院）　南国市十市三〇八四

本尊 十一面観音　開基 行基　大同二年（八〇七）　真言宗豊山派

寺伝によると、行基が聖武天皇の勅で神亀年間（七二四―二九）に建立したという。弘法大師巡錫の大同二年、土佐沖を航行する船の安全祈願のため、自作の十一面観音を本尊として安置した。観音の浄土補陀落山さながらの霊域で、山容が八葉の蓮華に似ていることから八葉山と号し、大師が求聞持法《ぐもんじ》を修したので求聞持院という。仁王門内の金剛力士二体は仏師定朝《じょうちょう》の作で重文。寺宝に徳治三年（一三〇八）銘の鐘と永禄十三年（一五七〇）銘の鰐口がある。

峰山の山上にあり地元では「峰寺《みねんじ》」と呼ぶ。駐車場には大きな十一面観音。階段を登ると池があり不動明王が立つ。仁王門をくぐって階段を登ると、右手に鐘楼、奥に本堂。本堂の左に大師堂。鐘楼の脇には、潮の干満で岩の窪みに溜まった水が上下する「潮の干満岩」がある。境内からは土佐湾が一望でき、桂浜が目の前にみえる。

とさでん交通バス峰寺通下車徒歩十五分。三十三番へ七・五キロ。徒歩二時間三十分、種崎―長浜間のフェリー利用の場合所要五分、一時間ごと。車は浦戸大橋経由十キロ、二十分。

三十三番　雪蹊寺《せっけいじ》（高福山高福院）　高知市長浜八五七―三

本尊 薬師如来　開基 弘法大師　弘仁六年（八一五）臨済宗妙心寺派

もとは高福寺と称し真言宗だったが、鎌倉時代に慶運寺となる。永禄年間（一五五八―七〇）のころ長宗我部元親が臨済宗に改めた。慶長四年（一五九九）、高福山雪蹊寺と改称。明治維新で廃寺。明治十二年（一八七九）、山本太玄が再興。失明に近い眼病で、平癒祈願に裸足で七回の遍路をした山本玄峰は、明治二十三年当寺で行き倒れになったのを太玄に救われ出家、目が開く。のちに妙心寺派管長を務める。運慶作薬師如来像、日光・月光《がっこう》菩薩像、湛慶作毘沙門天像、吉祥天像、善膩《ぜんに》師《し》童子像は重文。

山門はなく、境内正面に本堂。右側に大師堂。左側に納経所、観音堂。本堂裏に宝物館。東側に隣接して長宗我部元親を祀る秦神社。

とさでん交通バス長浜営業所下車徒歩五分。三十四番へ六・三キロ。徒歩二時間、車十五分。

三十四番　種《たね》間《ま》寺《じ》（本尾山朱雀院）　高知市春野町秋山七二

本尊　薬師如来　開基　弘法大師　弘仁年間（八一〇―一二四）　真言宗豊山派

敏達天皇六年（五七七）百済《くだら》の皇子が仏工、寺匠を天皇に献上したが、用命天皇の時代に難波（大阪）に四天王寺が落成したので、一同暇を賜り帰国の途中、暴風雨で秋山の港に寄港。海上の安全を祈って刻んだのが薬師如来で、本尾山の頂に安置した。弘法大師がこの地に巡錫、薬師如来を本尊として寺を開創。そのとき、唐から持ち帰った五穀の種を蒔いたことから、種間寺の名がある。天暦年間（九四七―五七）、村上天皇が種間の勅額を下賜。

山門はなく、境内左手奥に本堂。右側に大師堂、納経所。左側に観音堂、しだれ赤松、水子堂。安産の薬師として知られ、妊婦は寺から底の抜けた柄杓を授かり、無事出産すると柄杓を寺に奉納する。観音堂には多くの柄杓が掛けられている。

とさでん交通バス春野役場前下車徒歩十分。三十五番へ九・八キロ。徒歩三時間、車四十分。

三十五番　清《きよ》瀧《たき》寺《じ》（醫王山鏡池院）　土佐市高岡町丁五六八―一
本尊 厄除薬師如来　開基 行基　養老七年（七二三）　真言宗豊山派
元正天皇の時代、行基が薬師如来を刻み開基、影山密院鐸本寺と命名。弘仁年間に弘法大師が巡錫、五穀豊穣のため閼伽《あかい》井権現と龍王を勧請し、寺号を清瀧寺と改めた。貞観三年（八六一）平城天皇の第三皇子高岳法親王（真如）が、大師の夢告によって来錫、息災増益の密壇を造り、入唐したという。のちにインドに向かう途中で消息を絶った。境内に「入らずの山」といって人の近づかない一角があるが、これが高岳法親王の逆修塔のある場所である。
麓から八丁坂と呼ばれる急坂を上った醫王山の中腹にある。仁王門には久保南窓が描いた龍の絵。階段を上って境内に高さ十五メートルの薬師如来像が立つ。うしろ右に本堂、左に大師堂。納経所は右奥に入ったところ。
とさでん交通バス高岡高校通下車徒歩一時間。三十六番へ十三・九キロ。徒歩四時間、車三十分。

三十六番　青　龍　寺《しょうりゅうじ》（独鈷山伊舎那院）　土佐市宇佐町竜一六三
本尊 波切不動明王　開基 弘法大師　弘仁六年　真言宗豊山派
延暦二十三年（八〇四）弘法大師が入唐、青龍寺恵果和尚《けいかかしょう》から真言秘法を伝授された。報恩のため一宇を建立しようと、有縁《うえん》の地を求めて唐から独鈷杵《とっこしょ》を投げた。大同元年（八〇六）のこ

36 番青龍寺参道の 170 段の石段

とである。帰国後四国巡錫のみぎり、当地山上の老松に独鈷があるのをみつけ一寺を建立、青龍寺と命名した。本尊は入唐のさい暴風雨に遭ったとき、風雨を切り鎮めた波切不動であるという。

仁王門左脇に納経所、三重塔。納経所裏に恵果堂。一七〇段の階段を登り正面に本堂、左に大師堂、右に薬師堂。本堂の脇持愛染明王像は重文。境内にミニ八十八ヶ所。南四百メートルの太平洋に面した断崖上に奥の院波切不動堂。

土佐市ドラゴンバス竜下車徒歩十五分。三十七番へ五十九キロ。徒歩二日、車一時間三十分。

三十七番　岩《いわ》本《もと》寺《じ》（藤井山五智院）　四万十町茂串町三―一三

本尊　不動明王、観音菩薩、阿弥陀如来、薬師如来、地蔵菩薩　開基　行基　天平年間（七二九―四九）　真言宗智山派

行基が聖武天皇を奉じ、『仁王経《にんのうきょう》』の七難即滅、七福即生の心をもって、七つの寺を建てたの

に始まる。仁井田明神（現在の高岡神社。四万十町仕出原）のかたわらに、七福寺の根本寺として福円満寺を創建。弘仁年間、弘法大師が巡錫のおり、五社五寺を増建し、これを仁井田五社十二福寺と称し、大師自ら星供《ほしく》曼荼羅を描き、三国相承の星供秘法を修した。天正五年（一五七七）兵火で焼失。足摺山主・尊快法親王が弟子の尊信に命じて再建、寺名を岩本寺と改めた。明治の廃仏毀釈で廃寺となり、同二十三年（一八九〇）再興。

仁王門をくぐると右手に聖天《しょうてん》堂、大師堂、本堂。左手に、納経所、宿坊。本堂の天井絵は全国から公募した老若男女の一七五枚で、仏像からマリリンモンローまである。奥の院本尊矢負いの地蔵は宿坊に安置。七不思議として、子安桜、三度栗、口なし蛭、桜貝、筆草、尻なし貝、戸立てずの庄屋が伝わる。

ＪＲ土讃線窪川駅下車徒歩十分。三十八番へ八十一キロ。札所間距離の一番長い区間である。徒歩三日、車二時間二十分。

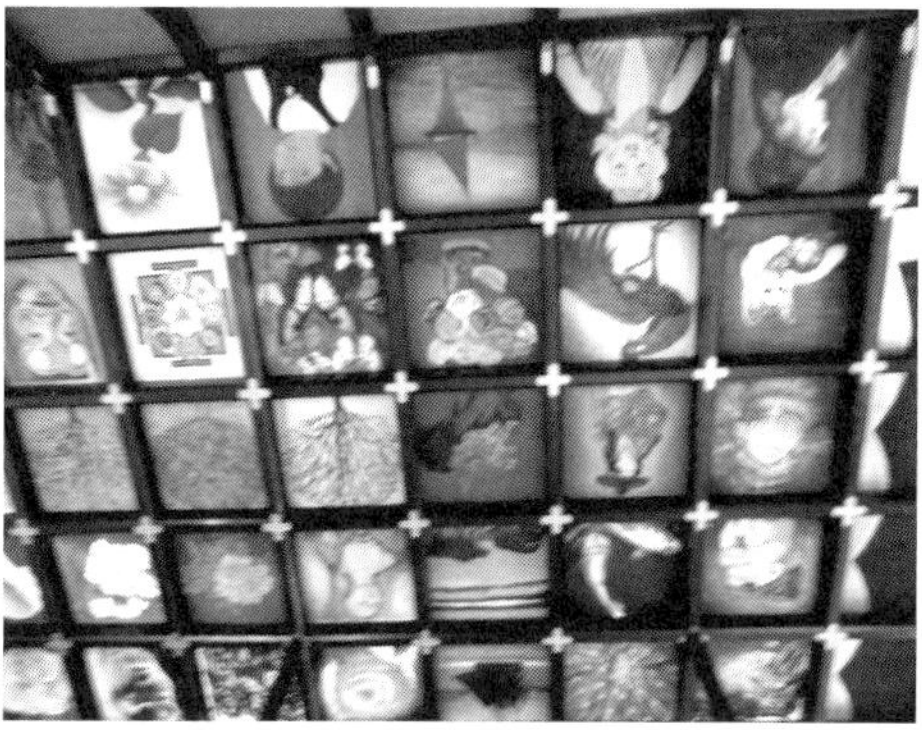

37 番岩本寺本堂の天井絵

三十八番　金剛福寺《こんごうふくじ》（蹉跎山補陀洛院）　土佐清水市足摺岬
二一四―一

本尊　三面千手観音　開基　弘法大師　弘仁十三年（八二

二）　真言宗豊山派

嵯峨天皇から「補陀洛東門」の勅額を賜り、弘法大師がこの地に開創、自ら千手観音を刻んだ。皇室の勅願所として栄え、源氏一門の尊崇を受け、多田満仲が多宝塔を建立、源頼光が渡辺綱に命じて諸堂を再営したという。寛文年間（一六六一—七三）には土佐藩主・山内忠義が寺塔を再建。補陀落《ふだらく》信仰の聖地でもあり、足摺の名は、補陀落渡海を逸した賀登《がと》上人が足を摺り悔しがったからだという。

38番金剛福寺の境内

仁王門をくぐって階段を上ると正面に本堂。右手に納経所、多宝塔、不動堂、和泉式部逆修塔。左手には池があり、愛染堂、権現堂、大師堂、鐘楼が取り巻く。西側に宿坊。境内に大師像と大師が乗って不動岩に渡修行したという亀の像。足摺岬周辺には大師七不思議（七以上ある）として、ゆるぎ石、亀石、刀の石、亀呼び場、龍灯の松、龍の駒、名号の岩、不増不減水、地獄の穴、一夜建立ならずの鳥居、潮の干満岩などがある。岬の展望台からは太平洋が一望でき、椿のトンネルをくぐると灯台がある。

高知西南交通バス足摺岬下車徒歩五分。三十九番へ市野瀬打戻五十二キロ、月山経由七十二キロ。徒歩二—三日、車二時間。

昔は月山、篠山という番外札所を参拝する習わしがあった。いまでは神社になっているので参拝する遍路は少ない。月山神社（大月町月ヶ丘）は三日月型の石がご神体。篠山神社（愛南町正木）は高知・愛媛県境の篠山山頂にある。

三十九番　延《えん》光《こう》寺《じ》（赤亀山寺山院）　宿毛市平田町中山三九〇
本尊　薬師如来　開基　行基　神亀元年（七二四）　真言宗智山派

39番延光寺の梵鐘を背負う亀

聖武天皇の勅願で、行基が自ら薬師如来を刻んで本尊とし一宇を建立した。薬師の瑞相にちなんで亀鶴山と称し、施薬院宝光寺と号した。本尊の胸中には行基感得の仏舎利を秘蔵したと伝えられる。延暦十四年（七九五）、弘法大師が来錫、桓武天皇の勅願所として再建、日光・月光両菩薩を脇侍とし、七堂伽藍を整えた。このとき、大師が錫杖で土を掘ったところに清水が湧きでた。本堂横の「眼洗い井戸」がそれである。延喜十一年（九一一）龍宮の赤亀が銅の梵鐘を背負って海中から現れたので、寺号を赤亀山寺山院延光寺と改めた。梵鐘は重文。

仁王門をくぐり右手に梵鐘を背負った亀の像、左手に鐘

40番観自在寺境内。奥に本堂

楼。右奥に進んで本堂、左隣に大師堂。納経所は境内南東角。南側に宿坊。裏に樹齢五百年のイブキの木。北五百メートルに奥の院南光院。

土佐くろしお鉄道平田駅下車徒歩三十五分。高知西南交通バス寺山口下車徒歩十五分。四十番へ二十五・八キロ。徒歩九時間。車は三十キロ、一時間。

三　伊予の札所

四十番　観自在寺《かんじざいじ》（平城山薬師院）愛南町御荘平城二二五三—一

本尊　薬師如来　開基　弘法大師　大同二年（八〇七）　真言宗大覚寺派

平城《へいぜい》天皇の勅願所で弘法大師が開創。四国の裏関所として信仰を集める。平城、嵯峨両天皇は親しく行幸され、御朱印を下し『一切経』ならびに『大般若経』を納め、毎年勅使を派遣して護摩供を修した。これによりこの地一円を御荘といい、勅願山号にちなんで平城という。寛永十五年（一六三八）大覚寺の空性《くうしょう》法親王巡拝のおり、当寺に一泊し薬師院の院号を賜る。往時は四十八坊の末寺があったというが、その後焼失、宇和島藩主・伊達宗利の祈願所として延宝六年

（一六七八）再興、昭和三十四年（一九五九）に本堂が焼失、同三十九年に再建された。

仁王門天井に十二支の方位盤。くぐって右に鐘楼、文殊堂、蛙の石像「栄かえる」。左に宿坊、十二支守り本尊、本坊。正面に本堂、中に納経所。観音立像をはさんで右に大師堂、回廊で四国八十八ヶ所お砂踏みができる。大師堂前に平城天皇落飾の髪を納めたという五輪塔。脇に奥の院篠山権現遥拝所。弘法大師が彫ったとされる「南無阿弥陀仏」の名号宝判があり、刷り写したお守りは霊験あらたかとされる。

41番龍光寺。神社をはさんで左に本堂、右に大師堂

宇和島バス平城札所前下車徒歩三分。四十一番へ五十キロ。徒歩一日半、車一時間三十分。

四十一番　龍《りゅう》光《こう》寺《じ》（稲荷山護国院）　宇和島市三間町戸雁一七三

本尊　十一面観音　開基　弘法大師　大同二年　真言宗御室派

平城天皇の大同二年初午の日、弘法大師がこの地に巡錫、白髪の老人が稲を刈って大師の前に現れ、「われこの地に住み法教を守護し庶民を利益せん」といい残し立ち去った。大師はこの老人こそ五穀大明神の化身であろうと、明神を勧請して稲荷明神像を刻み、堂宇を建て尊像を安置して、四国霊場の総鎮守とした。合わせて十一面観音、不動明王、毘沙門天も彫った。神仏習合の霊場であったが、明治の神仏分離で旧本堂は稲荷神社となり、あらたに本堂を建て本地仏の十一面観音を安置、脇に稲荷明神像も祀った。

地元では「三間のお稲荷さん」と呼ばれる。石の鳥居をくぐり、五十段の石段を上がると正面の一段高いところに稲荷社。右に大師堂、左に本堂、納経所、鐘楼。神社を挟んで左右に寺堂が建つ神仏習合のなごりを残した造りになっている。

ＪＲ予土線伊予宮野下駅下車徒歩十五分。四十二番へ二・六キロ。徒歩五十分、車十分。

四十二番　佛木寺《ぶつもくじ》（一𤣵山毘盧遮那院）　宇和島市三間町則一六八三

本尊　大日如来　開基　弘法大師　大同二年　真言宗御室派

この地を巡錫していた弘法大師は牛を引く老人に導かれ、楠の大樹に一つの宝珠がかかって光を放っているのを発見。唐から帰朝の際に投げた宝珠だったため霊地と直感し、楠で大日如来を刻み、宝珠を白毫《びゃくごう》として納め、一寺を建立、草書体の『般若心経』と『華厳経』を書写して納めた。寺は、疱瘡除けと牛馬家畜の守り神として信仰が篤い。宇和島領主・西園寺家の祈禱菩提寺として栄え、永禄（一五五八―七〇）、元亀（一五七〇―七三）の戦乱で寺宝は散逸したが、慶安元年（一六四八）以降藩主・伊達家の保護で伽藍が再建された。

仁王門をくぐり階段を上ると、右に茅葺の鐘楼。左の手水場を左折し、正面奥が本堂。左に大師堂、納経所。右に家畜堂、聖徳太子堂、不動堂。弘法大師坐像は正和四年（一三一五）の銘があり、年号の確認できる大師像としては最古とされる。家畜堂では旧暦六月土用丑の日に「瓜封じ」の祈禱が行われる。

宇和島バス仏木寺下車すぐ。四十三番へ十・六キロ。徒歩四時間、車三十分。

四十三番　明《めい》石《せき》寺《じ》（源光山円手院）　西予市宇和町明石二〇一

本尊　千手観音　開基　正澄《しょうちょう》　六世紀前半　天台寺門宗

若い乙女に化身した千手観音が、大石を抱いて当山に籠り、以来霊場として尊崇された。地元では「あげいしさん」と呼ばれる名の起こり。欽明天皇の勅願により、円手院正澄という行者が開創したといわれる。天平六年（七三四）、役小角《えんのおづぬ》より五代目の寿元という行者が紀州より熊野十二社権現を勧請、修験の根本道場とした。弘仁十三年（八二二）、弘法大師がここに留まり寺院の再興に貢献した。建久五年（一一九四）、源頼朝が命の恩人である池禅尼を弔うため、阿弥陀如来像を奉納、経塚を背後の山に築き、現光山を源光山と改めたという。

山の中腹にあり、階段を上ると仁王門、さらに階段を上って正面が本堂。右に大師堂、鐘楼。門の右手前に納経所。さらに右に回り込んだところに「しあわせ観音」像とミニ西国三十三所。門の左から裏山を巡るミニ四国八十八ヶ所もある。

ＪＲ予讃線卯之町駅下車徒歩三十分。四十四番へ六十七キロ。徒歩二日半。車は七十八キロ、二時間。

四十四番　大寶寺《だいほうじ》（菅生山大覚院）　久万高原町菅生二番耕地一一七三

本尊 十一面観音　開基 明神右京・隼人　大宝元年（七〇一）真言宗豊山派

百済からきた聖僧が十一面観音を山中に安置。明神右京・隼人兄弟の狩人が観音の尊像を発見、庵に祀ったのが始まり。文武天皇の勅願で大寶寺と号した。弘法大師が弘仁十三年密教の修法をしてから霊場となった。仁平二年（一一五二）焼失、保元年間（一一五六―五九）、後白河法皇が再建、妹の宮を住職として遣わし菅生《すごう》山の山号を与えた。

菅生山の山中にあり、参道を登り仁王門、階段を上って右に納経所、宿坊。正面の階段を上ると本堂、右に大師堂。鐘楼は二か所、本堂の左右にある。

ＪＲ四国バス久万中学校前下車、徒歩二十分。四十五番へ八・四キロ。徒歩二時間四十分。車は十一キロ、駐車場まで二十分。

四十五番　岩屋寺《いわやじ》（海岸山）　久万高原町七鳥一四六八

本尊 不動明王　開基 弘法大師　弘仁六年　真言宗豊山派

飛行自在の身を持つ法華仙人と称する女性が住んでいた。大師巡錫のおり、大師の法力に感じ入った仙人は全山を献上する。大師は不動明王を刻み、石像一躯を峰に封じて全山を明王と観じ、護摩供を修した。明治三十一年（一八九八）焼失、大正九年（一九二〇）再建。昭和十九年（一九四四）名勝指定。海から離れた山中なのに、海岸山というのは雲海が海のようにみえるからで、大師は「山高き谷の朝霧海に似て松吹く風を波にたとえむ」と歌っている。

標高七百メートルの山中にある。車でも駐車場から六百メートル、標高差二三〇メートルの急坂を二十分ほど歩かないと登れない難所。山門を過ぎ、極楽橋を渡り、石段を上ると納経所がある。向かいには遍照閣。さらに石段を上って右に本堂、左に大師堂。本堂は岩に張り付いて建てられ、脇の梯子の上には法華仙人堂跡の洞穴。下は穴禅定の洞窟で、真っ暗な中を進んだ奥に弘法大師・不動明王・地蔵菩薩を祀る。入口には独鈷《とっこ》の霊水。岩山には多くの洞穴があり、中に摩崖仏や塔婆がある。大師堂奥の仁王門は、山から下りてくる徒歩遍路道の入口にあたる。三十六童子の石像が点在する山道を三百メートル登ると不動堂があり、逼割禅定は岩の裂け目をくぐり鎖と梯子で登る行場で、頂上に白山権現を祀る祠がある。

伊予鉄南予バス岩屋寺下車徒歩二十分。車は駐車場から徒歩二十分。四十六番へ三十キロ。徒歩七時間。車は四十キロ、五十

45番岩屋寺。岩壁に張り付いて建つ本堂。右は本坊

分。

四十六番　浄瑠璃寺《じょうるりじ》（医王山養珠院）　松山市浄瑠璃町二八二

本尊 薬師如来　開基 行基　和銅元年（七〇八）　真言宗豊山派

行基が奈良の大仏開眼に先だち、仏教宣布のため伊予にきたとき、ここを讃仏修行の適地として、伽藍を建立、自ら医王仏を刻して本尊となし、薬師如来の浄瑠璃浄土を寺号とした。弘法大師は大同二年（八〇七）来錫、伽藍を再建した。正徳年間（一七一一―一六）に焼失、天明五年（一七八五）に再建。

山門はない。境内正面に本堂、右に大師堂。左に納経所。大きくない境内には、釈迦が説法したと伝える霊鷲山《りょうじゅせん》の石を埋め込んだといわれる説法石をはじめ、仏手石、仏足石、仏手指紋石など霊験あらたかな石が並ぶ。豊作祈願の籾大師。本堂左には一願弁天堂も。さらに左の弁天池の蓮の花は見事。

伊予鉄バス浄瑠璃寺前下車すぐ。四十七番へ九百メートル。徒歩十五分、車五分。

四十七番　八坂寺《やさかじ》（熊野山妙見院）　松山市浄瑠璃町八坂七七三

本尊 阿弥陀如来　開基 役小角　大宝元年（七〇一）　真言宗醍醐派

役小角の開基と伝える。大宝元年、文武天皇の勅願で伊予国司越智玉興が堂塔を建立、弘仁六年（八一五）弘法大師の再興。伽藍を建立するとき八か所の坂道を切り開いたことから、八坂寺と命名。本尊は恵心僧都作と伝えられる。鎌倉期の石像宝篋印塔《ほうきょういんとう》が残る。紀州から熊野権現を勧請、神仏習合の修験の聖地ともされる。

山門を入って右に納経所。階段を上って正面に本堂。地下に万体阿弥陀。左に大師堂。間に閻魔堂があり、「極楽の途」「地獄の途」が体験できる。本堂右に十二社権現。駐車場に高さ四メートルの「いやさか不動尊」。近くには遍路の祖とされる衛門三郎伝説ゆかりの番外札所文殊院徳盛寺（松山市恵原町）、三郎の子の墓といわれる「八つ塚」がある。

伊予鉄バス八坂寺前下車徒歩五分。四十八番へ四・四キロ。徒歩一時間十分、車十五分。

四十八番　西《さい》林《りん》寺《じ》（清瀧山安養院）　松山市高井町一〇〇七

本尊　十一面観音　開基　行基　天平十三年（七四一）　真言宗豊山派

行基が聖武天皇の勅願で、国司越智宿禰《すくね》玉純とともに一宇の仏堂を建立、十一面観音を刻み安置した。大同二年弘法大師が逗留して秘法を修し、国家安泰を祈願する道場とした。寛永年中（一六二四―四四）に焼失。元禄十三年（一七〇〇）から天保十四年（一八四三）にかけて順次再興された。

門前の川を渡り下りたところに仁王門。川の土手より低いところにある珍しい造りで、伊予の関所ともされる。罪人がくぐると無間地獄に落ちるといわれる。正面に本堂。右に大師堂、閻魔堂。左に阿弥陀堂、納経所。本堂は秘仏でうしろ向きに立っているともいわれ、本堂裏に回ってお参りする人も。納経所前の池には一願地蔵。寺の南西三百メートルに、大師が旱魃に悩む村民に杖で水脈を示したという奥の院杖の淵。

伊予鉄バス高井局前下車徒歩十分。四十九番へ三・一キロ。徒歩一時間、車十分。

四十九番　浄《じょう》土《ど》寺《じ》（西林山三蔵院）松山市鷹子町一一九八

本尊　釈迦如来　開基　恵明　天平勝宝年間（七四九—五七）真言宗豊山派

孝謙天皇の勅願寺。本尊は行基作と伝える。応永年間（一三九四—一四二八）の兵火で焼失。文明十三年（一四八一）領主・河野氏により再建。本堂は和唐様折衷の代表作として重文指定。浄土宗の開祖法然（円光大師）、二世聖光《しょうこう》、三世良忠の自作像があり、三蔵院と呼ばれる。空也が滞在、天徳年間（九五七—六一）に刻んだ、口から六体の阿弥陀仏がでる自像もあり重文。建久三年（一一九二）源頼朝が堂塔を修復、応永二十三年（一四一六）の兵火で焼失、文明十四年（一四八二）、河野通宣が再建。

仁王門をくぐって階段を上り正面が本堂。右に大師堂、鐘楼、本坊、納経所。左に阿弥陀堂、観音堂。本堂の厨子には大永五年（一五二五）の三河（愛知県）の遍路が書いた落書がある。裏山に奥の院牛之峰地蔵堂とミニ四国八十八ヶ所。

伊予鉄横河原線久米駅下車徒歩五分。五十番へ一・七キロ。徒歩三十分、車五分。

五十番　繁《はん》多《た》寺《じ》（東山瑠璃光院）　松山市畑寺町三二一
本尊 薬師如来　開基 行基　天平勝宝年間　真言宗豊山派
孝謙天皇（在位七四九―五八）勅願で、行基が建立。弘仁年間（八一〇―二四）に弘法大師が逗留。源頼義が再興。弘安二年（一二七九）、聞月上人が後宇多天皇の勅命で蒙古退散祈禱を行う。一遍上人は当寺に参籠の際、『浄土三部経』を納める。応永二年（一三九五）に後小松天皇の勅命で、泉涌寺の快翁和尚が第七世住職になった。江戸時代には徳川家綱が念持仏の歓喜天を祀った。山門をくぐり左手に納経所。正面に本堂、右に大師堂、鐘楼、左に毘沙門堂、歓喜天堂。鐘楼の天井には、中国伝来の二十四孝をモチーフにした絵が描かれている。大師堂前には興教大師像。
伊予鉄バス繁多寺口下車徒歩十五分。五十一番へ二・八キロ。徒歩四十五分、車十分。

五十一番　石《いし》手《て》寺《じ》（熊野山虚空蔵院）　松山市石手二―九―二一
本尊 薬師如来　開基 行基　天平元年（七二九）　真言宗豊山派
神亀五年（七二八）、聖武天皇勅願の法相宗《ほっそう》安養寺として伊予大守・越智玉純が建立。天平年間（七二九―四九）、行基が薬師如来を刻み開眼、鎮護国家の道場としたという。弘仁四年弘法大師が入山し真言宗に改宗、寛平四年（八九二）石手寺と改称。遍路の元祖といわれる衛門三郎にまつわる縁起がある。文保二年（一三一八）建立の仁王門は国宝。元弘三年（一三三三）建立の本堂をはじめ、三重塔、鐘楼、五輪塔、護摩堂、訶梨帝母堂は重文。

道後温泉に近い四国を代表する名刹。渡らずの橋のたもとの衛門三郎像をみて、仲見世が並ぶ参道を行くと仁王門、両側に大草鞋。正面の一段高いところに本堂、長床の右に大師堂。境内左に阿弥陀堂、鐘楼。右に三重塔、納経所、訶梨帝母堂、宝物館、本坊など。本堂裏の都卒天洞には多くの仏像があり、洞窟を抜けると奥の院。三重塔の周囲は四国八十八ヶ所のお砂撫で。宝物館には、衛門三郎再来と書かれた卵大の石をはじめ、百点あまりの寺宝を展示。裏山はミニ四国八十八ヶ所になっており、山上には巨大な弘法大師像が立つ。

51番石手寺に残る衛門三郎の石

伊予鉄バス石手寺下車すぐ。五十二番へ十・七キロ。徒歩三時間、車五十分。

五十二番　太《たい》山《さん》寺《じ》（瀧雲山護持院）　松山市太山寺町一七三〇

本尊 十一面観音　開基 真野長者　六世紀後半　真言宗智山派

用命天皇二年（五八七）、豊後の真野長者が難波（大阪）に向かう途中、暴風雨に遇い観音に祈って高浜に到着、報恩に工匠を集めて建立。天平十一年聖武天皇の勅願を奉じ、行基が十一面観音を刻し安置。弘法大師が天長年間（八二四―三四）に法相宗から真言宗に改めた。本尊厨子の両側に、後冷泉以下六帝の勅願による十一面観音六体が安置され、本尊とともに重文。本堂は嘉元三年（一三〇五）の建立で国宝。

山門は三か所。一の門をくぐりしばらく行くと仁王門。参道右手に本坊、納経所。急坂を登り突き当り、大日如来像の前を右折し階段を上ると三の門。正面に本堂。左手の一段高いところに大師堂、真野長者堂。大師堂脇に亀の子だわしで洗うと痔が治るという三重塔の礎石。本堂右には護摩堂、稲荷堂、聖徳太子堂。鐘楼には地獄絵。参道途中右手の民家にねじれ竹。不義の男女が持っていた金剛杖が根付いたという。裏山の頂上に奥の院経ヶ森、観音像がある。

伊予鉄バス太山寺下車徒歩五分。五十三番へ二・六キロ。徒歩四十分、車十分。

53番圓明寺のキリシタン灯籠

五十三番　圓明寺《えんみょうじ》（須賀山正智院）　松山市和気町一―一八二

本尊　阿弥陀如来　開基　行基　天平勝宝元年（七四九）　真言宗智山派

聖武天皇の勅願所で、行基を開祖として和気《わけ》の浜西山（松山市勝岡町、現在奥の院がある）に創建、海岸山圓明密寺と命名。本尊阿弥陀如来と脇持の観音・勢至菩薩像は行基作と伝える。元和年間（一六一五―二四）、須賀重久が現在地に再興。寛永十三年（一六三六）須賀山正智院圓明寺と号す。慶安三年（一六五〇）の銅板納札がある。四国最古とされ、大正十三年（一九二四）にシカゴ大学のスタール博士がみつけたという。

山門をくぐると右に観音堂、納経所。左に大師堂。正面に中門があり、その先に本堂。中の鴨居には、左甚五郎作といわれる五メートルほどの龍の彫り物。大師堂左の塀際にはキリシタン灯籠。十字架のようになっており、聖母マリア像が浮き彫りにされている。江戸時代に隠れキリシタンが立てたといわれる。

JR予讃線伊予和気駅下車徒歩五分。五十四番へ三十五キロ。徒歩十時間、車一時間。

五十四番　延《えん》命《めい》寺《じ》（近見山宝鐘院）　今治市阿方甲六三六

本尊 不動明王　開基 行基　養老四年（七二〇）　真言宗豊山派

聖武天皇の勅願で行基が不動明王を刻み伽藍を建立。嵯峨天皇の勅命で弘法大師が再興。昔は近見山（今治市石井町）にあり、七堂伽藍を連ねた。鎌倉時代に大学僧・凝然《ぎょうねん》が当寺の西谷の坊で『八宗綱要』を著した。数度の兵火で焼失、享保十二年（一七二七）現在地に再建。もと円明寺と称したが、五十三番と混同されるので明治初年に延命寺を正式の寺号に。

仁王門をくぐって左手に鐘楼（近見二郎）。初代梵鐘は長宗我部の軍勢が略奪しようとしたが、自ら「いぬる（帰る）」と泣いて海に沈んだという伝説がある。宝永元年（一七〇四）の再建。駐車場の先にある山門は総欅《けやき》造で今治城城門を移設した。右手にまた鐘楼（近見三郎）。左に奥の院薬師堂、納経所。正面が本堂。左手の階段を上り大師堂。境内に江戸時代の飢饉時に農民を救った庄屋・越智孫兵衛供養塔、真念道標、銘木ツブラジイなど。

せとうちバス阿方下車徒歩十分。五十五番へ三・四キロ。徒歩一時間、車十五分。

五十五番　南《なん》光《こう》坊《ぼう》（別宮山金剛院）　今治市別宮町三―一

本尊 大通智勝仏　開基 行基　大宝元年（七〇一）　真言宗御室派

文武天皇の勅を奉じて、越智玉澄が大山祇《おおやまづみ》明神を大三島に勧請、御法楽所として二十四坊を建立。大宝三年日吉の郷にも勧請。和銅元年（七〇八）、行基が「日本総鎮守三島の御前」と称し奉安した。札所は別宮で別当としてあったが、天正年間（一五七三―九二）の兵火で焼失、慶長五年（一六〇〇）再建。明治の神仏分離で、本地仏である大通智勝仏を薬師堂に遷座し南光坊が札所となった。昭和二十年戦災で焼失。同五十六年に本堂を再建。

仁王門を入って右に大師堂、金毘羅堂、薬師堂。正面に本堂。左に納経所。境内に悪さをする狸を諭したという天野快道大僧正の墓。寺には書家川村驥山が奉納した菅笠がある。もと札所の別宮大山祇神社は北西側に隣接。本来の札所とされる大山祇神社（今治市大三島町宮浦）は海を隔てた大三島にある。

JR予讃線今治駅下車徒歩十分。五十六番へ三キロ。徒歩一時間、車十五分。

五十六番　泰《たい》山《さん》寺《じ》（金輪山勅王院）今治市小泉一—九—一八

本尊 地蔵菩薩　開基 弘法大師　弘仁六年（八一五）真言宗単立

弘仁六年、弘法大師が巡錫のおり、梅雨で蒼社川が氾濫、堤防を築いて土砂加持の秘法を厳修《ごんしゅ》したところ、満願の日に延命地蔵が空中に出現したという。大師は示現の地蔵を刻み本尊として安置、一宇を建立した。天長元年（八二三）淳和天皇の勅願寺となる。

山門はなく、階段を上って境内に入ると、左側に本堂、右に納経所。大師堂は納経所と向かって建つ。大師堂脇にある「不忘松《わすれずのまつ》」は大師お手植えだったが枯れて二代目。本堂前には回すと六道輪廻を断てるという「地蔵車」。水で飲めばご利益があるという「千枚通護符」がある。三百メートル離れた塔は『八宗綱要』の著者、凝然誕生の地。

せとうちバス小泉下車徒歩十分。五十七番へ三・一キロ。徒歩一時間、車十五分。

五十七番　栄《えい》福《ふく》寺《じ》（府頭山無量寿院）今治市玉川町八幡甲二〇〇

本尊 阿弥陀如来　開基 弘法大師　弘仁年間　高野山真言宗

嵯峨天皇の勅願寺。弘法大師巡錫のおり、海難事故平癒の祈禱を府頭山頂で修した。そのとき現れた阿弥陀如来を刻み堂宇を建立。貞観元年（八五九）、大安寺の行教が宇佐八幡の霊告を受け、分社を山城の男山八幡に建立しようと近海を航行中、暴風で漂着、この地に石清水八幡宮を勧請し社殿を造営、神仏合体の霊場として信仰された。明治の神仏分離で、山上の八幡宮社殿と別れ現在地に移転。

山門はなく、本札所である石清水八幡宮への参道の途中で右折すると寺。右に鐘楼、左にお願い地蔵尊、正面が本坊、納経所。左へ回り込んで大権現堂、薬師堂、大師堂、本堂。本堂には、昭和八年（一九三三）に十五歳の少年遍路の不自由な足が、当寺で治り奉納したという箱車がある。大師堂には十二支の彫刻がある。寺には寛政十二年（一八〇〇）の納経帳が残る。住職白川密成師の自伝『ボクは坊さん』は映画化された。

57番栄福寺の本堂と大師堂（右）

せとうちバス大須木下車徒歩二十分。五十八番へ二・四キロ。徒歩一時間、車十五分。

五十八番　仙《せん》遊《ゆう》寺《じ》（作礼山千光院）　今治市玉川町別所甲四八三

本尊　千手観音　開基　越智守興　七世紀後半　高野山真言宗

天智天皇（在位六六一―七一）の勅願で伊予国主・越智

守興が建立。天智天皇の念持仏である本尊千手観音を、龍女が一刀三礼で刻んだことから作礼山と称す。阿坊仙人が四十年間籠り伽藍を整備、養老二年（七一八）に忽然と姿を消したことが仙遊寺の寺号の由来。弘法大師巡錫のおり、当地で修法、大師自ら掘った御加持水が残る。明治初期に宥蓮上人が再興に尽力し、明治四年（一八七一）入定した。昭和二十二年焼失。順次再建され現在の姿に。

作礼山の山上にある。山門からの徒歩参道に御加持水、阿坊仙人像。駐車場から入れば左手に本堂。右手に子安観音、千体仏、宥蓮上人供養塔、大師堂。奥に鐘楼。弘法大師像の周囲に八十八ヶ所の石仏。本堂奥に宿坊、瀬戸内海を一望でき、温泉がある。栄福寺との中間にある犬塚池には、かつて両寺を行き来していた犬にちなむ伝説がある。鐘を合図に鳴った寺に行っていたのが、両方一緒に鳴ったので迷って池に飛び込んだという。

公共交通機関利用不可。五十九番へ六・一キロ。徒歩二時間、車二十分。

五十九番　国分寺《こくぶんじ》（金光山最勝院）　今治市国分甲四―一―三三

本尊 薬師如来　開基 行基　天平十三年（七四一）　真言律宗

聖武天皇の勅願で行基が薬師如来を刻み開創、大伽藍が整備された。第三世住職智法律師のとき、弘法大師が滞在し、五大尊の絵像を残した。大師の弟子・真如も二年間滞在した。その後たびたび兵火に遇い、天慶二年（九三九）藤原純友の乱で焼失、元暦元年（一一八四）源平合戦で焼失、貞治三年（一三六四）細川頼之の戦火で焼失、天正年間（一五七三―九二）の兵火で焼失。現在の本堂は寛政元年（一七八九）の再建。

山門はなく階段を上って、右に鐘楼。正面が本堂、回廊でつながった右手に大師堂。左に納経所。境内には握手修行大師、薬師の壺、伊予十大名椿の唐椿などがある。東百メートルにある旧境内跡には、七重塔礎石などがあり、史跡に指定されている。

せとうちバス国分寺下車徒歩二分。六十番へ二十七キロ。徒歩九時間。車は三十二キロ、駐車場まで一時間三十分。六十一―六十三番を先に打つのが効率的。

59番国分寺の薬師の壷

六十番　横《よこ》峰《みね》寺《じ》（石鈇山福智院）西条市小松町石鎚甲二二五三

本尊　大日如来　開基　役小角《えんのおづぬ》　白雉二年（六五一）　真言宗御室派

役小角が星が森で修行中、石鎚山に蔵王権現が現れ、その姿を石楠花の木に彫り、小堂を建てて安置したのが始まり。天平年間（七二九―四九）行基が入山。大同年間（八〇六―一〇）、弘法大師が登山し霊山と定め、本尊に大

60番横峰寺奥の院星が森から見える石鎚山

日如来を刻み安置した。石仙菩薩は延暦年間（七八二―八〇六）、法力で桓武天皇の病気を治し、霊験あらたかな菩薩として脇持に祀られている。明治四年廃仏毀釈で廃寺となり、同四十二年再興。

標高七五〇メートルの山中にあり、麓から徒歩で四時間、車でも駐車場から山道を十五分歩く。山門は徒歩参道の方にあり、くぐって左に納経所。右手の階段を上って右に本堂、神社風の権現造で神仏習合のなごり。脇に星供大師。向かい合わせに大師堂、聖天堂《しょうてん》。途中一段高いところに鐘楼。一帯は石楠花の群落。駐車場からの参道の途中に妻白大明神。豊作、商売繁盛にご利益。山門から五百メートル上に奥の院星が森、石鎚山遥拝所で、寛保二年（一七四二）建立の鉄の鳥居がある。

せとうちバス横峰登山口下車、登山バスに乗り換え終点下車徒歩十五分。車は駐車場から徒歩十五分。林道（有料）は十二月下旬から二月末まで通行止になるので注意。登山バスも運休。六十一番へ九・六キロ。徒歩四時間。車は十六キロ、四十分。

六十一番　香園寺《こうおんじ》（栴檀山教王院）　西条市小松町南川甲一九

本尊 大日如来　開基 聖徳太子　六世紀後半　真言宗御室派

用命天皇（在位五八六―八七）の病気平癒を祈願して聖徳太子が建立。金衣白髪の翁が飛来して大日如来を安置した。天平年間には行基が来訪。大同年間、弘法大師が難産の婦人に栴檀の香を焚いて加持し安産が得られたことから、安産、子育てに霊験があり、「子安大師」の名で知られる。大正三年（一九一四）に山岡瑞園師が再興、同七年に子安講を創始した。

山門はなく、境内正面に昭和五十一年建立の大聖堂。高さ十六メートル、鉄筋コンクリート造二階建てのコンサートホールのような近代建築。一階が大講堂、二階が本堂兼大師堂。中には椅子席があり千人収容可能。右に聖徳太子堂、子安大師堂、遍明閣、鐘楼。左に納経所、宿坊（休業中）。

ＪＲ予讃線伊予小松駅下車徒歩十五分。せとうちバス大師入口下車徒歩五分。六十二番へ一・三キロ。徒歩二十分、車五分。

六十二番　宝寿寺《ほうじゅじ》（天養山観音院）西条市小松町新屋敷甲四二八

本尊十一面観音　開基 聖武天皇　天平年間　高野山真言宗

聖武天皇の勅願で、道慈律師が伊予一宮の御法楽所として建立。当初は金剛宝寺と称し中山川の北、白坪にあったという。大同年間、弘法大師は十一面観音を刻み本尊とし、寺号を宝寿寺に改めた。国司の越智氏夫人が難産で苦しんでいたのを、大師が霊水・玉の井で加持したところ安産した。洪水で再三の被害を受け、天養二年（一一四五）の再建を機に天養山と号す。天正十三年（一五八五）の兵火で焼失。寛永十三年（一六三六）に宥伝上人によって再興されるも、明治の廃仏毀釈で廃寺、明治十年（一八七七）大石龍遍上人が再興。大正十三年、予讃線開通で現在地に移転、再建された。

山門はなく「一国一宮別当宝寿寺」の石碑がある。正面の本堂は永らく再建途上のまま。右手に仮本堂、大師堂。左に納経所。もと札所の一宮神社は予讃線の線路を挟んで北側にある。玉の井も神社境内に。納経時間が短縮されているので注意が必要。

JR予讃線伊予小松駅下車徒歩三分。六十三番へ一・四キロ。徒歩二十分、車五分。

六十三番　吉《きち》祥《じょう》寺《じ》（密教山胎蔵院）　西条市氷見乙一〇四八

本尊　毘沙門天　開基　弘法大師　弘仁年間（八一〇―二四）　真言宗東寺派

弘仁年間、弘法大師が現在地より南東にあたる坂元山に創建。大師は光を放つ檜を発見、この霊木で本尊毘沙門天、吉祥天、善膩師《ぜんにし》童子を刻んだという。天正十三年の兵火で焼失、万治二年（一六五九）末寺の檜木寺と合併、現在地に再建。

山門をくぐると正面に本堂、左に大師堂、右に納経所、八角堂。本堂前に「成就石」。高さ一メートルほどの石の中央に四十センチほどの穴があり、目隠しをして金剛杖を通すことができれば願いが叶うという。隣に「くぐり吉祥天女像」。くぐると貧苦を取り除き富貴を得られるという。寺宝にマリア観音像（非公開）。南三百メートルに大師湧出の井戸である奥の院芝之井加持水。

ＪＲ予讃線伊予氷見駅下車徒歩五分。六十四番へ三・二キロ。徒歩一時間、車十五分。

六十四番　前《まえ》神《がみ》寺《じ》（石鉄山金色院）　西条市州之内甲一四二六
本尊 阿弥陀如来　開基 役小角　七世紀後半　真言宗石鉄派

天武天皇（在位六七三―八六）の御代、役小角が石鎚山中で修行するうち、釈迦、阿弥陀如来が衆生済度のため石鉄蔵王権現の姿を現したことから、尊像を彫って祀った。その後、桓武天皇が病気平癒を祈願、成就したので勅願所とした。弘法大師は石鎚山に二度入峰しており、求聞持法などの修行をした。石鎚修験の霊場として栄えたが、明治初年の神仏分離で廃寺に。同二十二年（一八八九）にもとは里坊の里前神寺があった現在地に再興。本堂は昭和四十七年の再建。もとは石鎚山上（西条市小松町石鎚成就）にあり、現在は奥の院奥前神寺として山開きの七月一日から十日間だけ開扉される。

64番前神寺の御瀧行場不動尊

総門をくぐって駐車場の先を左折すると左に納経所。右に曲がって左に大師堂。階段を上って正面が本堂。右に権現堂、薬師堂、護摩堂。大師堂から本堂に至る参道の途中に御瀧行場不動尊。硬貨を投げてくっつくとご利益があるという。毎月二十日は権現様縁日。

JR予讃線石鎚山駅下車徒歩十分。六十五番へ四十五キロ。徒歩一日半。車一時間三十分。

六十五番　三角寺《さんかくじ》（由霊山慈尊院）　四国中央市金田町三角寺甲七五

本尊 十一面観音　開基 行基　天平年間（七二九―四九）　高野山真言宗

聖武天皇の勅願で天平年間、行基が弥勒菩薩の兜卒《とそつ》浄土に模して開創。嵯峨天皇は深く信仰、弘仁六年（八一五）、弘法大師巡錫のおり、十一面観音を刻み三角の護摩壇を築いて、二十一日間国家安泰などを祈念して降伏《ごうぶく》護摩を修した。護摩壇の跡が「三角の池《みすみ》」として現存、池の中の島に弁財天が祀られている。天正九年（一五八一）焼失。嘉永二年（一八四九）再建。

山の中腹にあり、駐車場から七十二段の階段を上って鐘楼門。右に納経所、正面に本坊。左折して奥へ進むと三角の池、薬師堂、大師堂、高さ七メートルの延命地蔵、本堂がある。本堂前には樹齢三百―四百年の山桜。寛政七年（一七九五）に訪れた小林一茶が感動して、「これでこそ登りかひあり山桜」の句を詠んだ。種田山頭火は「上へ下へ分れ去る坂のけはしい紅葉」の句を残している。安産祈願に「子宝杓子《しゃもじ》」を授かり、無事産まれたら授かった杓子と新しい杓子を奉納する習わしがある。

せとうちバス三角寺口下車徒歩四十五分。六十六番へ十八・一キロ。徒歩八時間。車はロープウェイ駅へ三十キロ、一時間。

四　讃岐の札所

六十六番　雲《うん》辺《ぺん》寺《じ》（巨鼇山千手院）　三好市池田町白地ノロウチ七六三―二

本尊千手観音　開基弘法大師　延暦八年（七八九）　真言宗御室派

弘法大師は延暦八年、善通寺建立の材木を求めて雲辺寺山に登山、霊気を感じ堂宇を建立した。大同二年（八〇七）、嵯峨天皇の勅を奉じて再登山、本尊薬師如来を刻み安置した。貞観年間（八五九―七七）清和天皇の勅願寺に。天正年間（一五七三―九二）、長宗我部元親が登り、眼下の景色を眺めて四国平定の野望を抱き、ときの住職俊崇坊に土佐一国の器量と諭されたという。讃岐の関所寺。

阿波、伊予、讃岐の国境の雲辺寺山上にある。寺の所在地は標高九一一メートルで札所中最高所。本堂の住所は徳島県だが、讃岐の一番札所となっている。麓の三好市池田町佐野から標高差六七〇メートル、「遍路ころがし」の難所といわれ、徒歩で二時間半はかかる。本来の山門はこの徒歩参道にある。くぐって二百メートルほど行き、左手の階段を上ると右に納経所。正面の階段を右のほうへ上れば大師堂。左に本堂、護摩堂、持仏堂。持仏堂前にはナスの形をしたブロンズ製の腰掛で願い事が叶うという「おたのみなす」。大師堂は実は拝殿で、裏に大師をお祀りする御廟がある。大師堂正面の階段を下ると、新しく建てられた仁王門。ここからロープウェイ山

67 番大興寺の樹齢 1200 年の榧（手前）と楠

上駅までの間に五百羅漢像が並ぶ。山頂には高さ十メートルの毘沙門天像。展望館になっており、四国四県を見渡すことができる。ロープウェイは反対側の観音寺市大野原町からでている。全長二五九四メートル、標高差六五七メートル。山上にはスキー場がある。

　ＪＲ予讃線観音寺駅下車タクシー二十分でロープウェイ山麓駅。ロープウェイ所要七分、二十分ごと。六十七番へ九・四キロ。徒歩三時間。車はロープウェイ駅から十一キロ、二十分。

六十七番　大興寺《だいこうじ》（小松尾山不動光院）　三豊市山本町辻四二〇九

本尊　薬師如来　開基　弘法大師　天平十四年（七四二）　真言宗善通寺派

東大寺末寺として現在地より一キロ北西に創建。嵯峨天皇の勅願で弘法大師が弘仁十三年（八二二）熊野三所権現鎮護の場として再興。本尊と脇持の不動明王、毘沙門天は大師自作と伝える。真言、天台の両大師堂があり、かつての二宗兼学のなごりが感じられる。天正年間の兵火で焼失、慶長年間（一五九六—一六一五）の再建。地元では「小松尾寺」と呼ばれている。
門前の小さな橋を渡り仁王門。高さ三メートルの金剛力士像は運慶作と伝える。江戸で大火を起こした八百屋お七の菩提を弔うため、恋人の吉三郎が寄進したという。大興寺の扁額には文永四年（一二六七）の年号と「従三位藤原朝臣経朝《つねとも》」の刻銘。くぐると右手に樹齢千二百年の榧《かや》と楠、いずれも大師お手植えと伝える。石段を上り正面に本堂、左に大師堂、右に天台大師堂。本堂の「七日灯明」という赤い蝋燭は、七日間祈禱してもらうとご利益を授かるとか。

68番、69番観音寺神恵院の札が懸かる山門

公共交通機関利用不可。六十八番へ八・七キロ。徒歩二時間四十分、車二十分。

六十八番　神《じん》恵《ね》院《いん》（七宝山観音寺）　観音寺市八幡町一—二—七

本尊　阿弥陀如来　開基　日証　大宝三年（七〇三）　真言宗大覚寺派

大宝三年、法相宗の僧日証が修行中、西方の空が鳴動、海を行く翁が「八幡大明神なり。宇佐より来たり」と告げたため、琴弾山山頂に社殿を作り、八幡大明神を祀った。別当寺として弥勒帰《き》敬《きょう》寺を創建した。大同二年（八〇七）

弘法大師が本地仏阿弥陀如来を描き安置。山上の琴弾八幡宮が札所であったが、明治の神仏分離で琴弾八幡宮と分かれ、本地仏阿弥陀如来を観音寺境内に移し、一境内二札所の変則となった。納経は観音寺納経所で二か寺分できる。本地仏は西金堂（現薬師堂）に安置されていたが、平成十五年にコンクリート製の本堂を建立。

観音寺の裏山を上ったところに、もと札所琴弾八幡宮の社殿がある。山上の展望台からは銭形砂絵「寛永通宝」が一望できる。

JR予讃線観音寺駅下車徒歩二十分。六十九番は同一境内。

六十九番　観《かん》音《おん》寺《じ》（七宝山神恵院）　観音寺市八幡町一―一―七

本尊　聖観音　開基　日証　大宝三年　真言宗大覚寺派

大宝三年、法相宗《ほっそう》の僧日証によって開創、神宮寺宝光院と称した。大同二年、弘法大師が第七世住職として入山、伽藍を造営。聖観音を刻んで安置、興福寺に倣って中金堂、西金堂、東金堂の形式で七堂伽藍を整備し、観音寺と改めた。桓武天皇の勅願所。室町時代には足利尊氏の子・道尊太政大僧正が住職を務めた。明治の神仏分離で六十八番の本尊を遷座した。

仁王門をくぐって階段を上ると、右に観音寺本堂。左へ順に、一段高いところに薬師堂（もと神恵院本堂）、愛染堂、もとのレベルに戻って観音寺大師堂、神恵院本堂、神恵院大師堂（十王堂）、本坊と続く。神恵院本堂向かいに納経所、脇に宝物館。釈迦涅槃像、琴弾宮絵縁起、琴弾八幡本地仏などの重文がある。本堂厨子裏に貞和三年（一三四七）の常州（茨城）の僧の落書がある。札所に残された最古の落書。巍《ぎ》巍《ぎ》園はツツジの名所。

七十番へ四・五キロ。徒歩一時間二十分。

70番本山寺の本堂と五重塔（左）

七十番　本《もと》山《やま》寺《じ》（七宝山持宝院）　三豊市豊中町本山甲一四四五

本尊　馬頭観音　開基　弘法大師　大同二年　高野山真言宗

平城天皇の勅願で弘法大師が国家鎮護のため創建。馬頭観音、阿弥陀如来、薬師如来を刻んで安置、長福寺と号した。一夜建立の伝説がある。本堂は正安二年（一三〇〇）の建築で国宝。山城に醍醐寺を興した理源大師聖宝の創建と伝える。天正年間（一五七三―九二）兵火に遇うも、本堂の阿弥陀如来から血がでているのをみた兵士が驚き、本堂と仁王門は免れた。寛永元年（一六二四）再興。遠くからでもみえる寺のシンボル五重塔は明治四十三年（一九一〇）の再建。

仁王門は和様、唐様、天竺様の三つの様式を取り入れた珍しい八脚門で重文。くぐって正面が本堂。右に大師堂。

71 番弥谷寺の 108 階段

左に鎮守堂、阿弥陀堂、十王堂、五重塔。本堂右手に二頭の馬の像。納経所は本堂裏の門をくぐった本坊脇にある。

JR予讃線本山駅下車徒歩二十分。七十一番へ十一・三キロ。徒歩三時間三十分。車は駐車場まで三十分。

七十一番　弥《いや》谷《だに》寺《じ》（剣五山千手院）　三豊市三野町大見乙七〇

本尊 千手観音　開基 行基　天平年間（七二九—四九）真言宗善通寺派

聖武天皇の勅願。行基が寺を創り蓮華山八国寺と名付けた。弘法大師は幼少時、天応元年（七八一）から延暦五年（七八六）まで、当寺の獅子窟に籠り学問をしたと伝えられる。入唐受法後、大同二年再度登嶺、修行し金剛蔵王権現のお告げで千手観音を彫って安置、弥谷寺に改めた。空中から五柄の剣が下ったと伝え、剣五山の山号がある。戦国時代、香川氏の天霧山の兵火で焼失、慶長五年（一六〇〇）再興。

弥谷山の中腹にあり、麓から本堂までは約六百段の階段がある。仁王門の手前左に俳句茶屋。門をくぐって賽の河原と呼ばれる石仏が並ぶ階段を上ると、元禄年間（一六八八—一七〇四）に建てられた金剛拳菩薩立像。鉄の一〇八階段を上り正面に大師堂。中を回りこんだところに奥の院獅子之岩屋があり、大師と父母の石像が祀られている。大師堂の左が本坊。右に曲がって多宝塔を左にみながら進み、鐘楼のところで左の階段を上り求聞持堂、左折し水場のところに梵字の阿字が彫られている。さらに階段を上り本堂。途中の岩壁に刻まれた阿弥陀三尊は、四国霊場中稀有の摩崖仏。山内至るところに八万四千体といわれる摩崖仏や石仏があり、「仏の山」として信仰されている。死者の霊が登り故人の霊と出会う山とされ、納骨に訪れる信者も多い。大師請来とされる金銅四天王五鈷鈴は重文。

三豊市コミュニティーバスふれあいパークみの下車徒歩二十分。車は駐車場から徒歩十五分。登山バスあり。本坊まで五分。七十二番へ三・七キロ。徒歩一時間十五分。車は駐車場から六キロ、十五分。

七十二番　曼荼羅寺《まんだらじ》（我拝師山延命院）　善通寺市吉原町一三八〇―一

本尊　大日如来　開基　弘法大師　大同二年　真言宗善通寺派

景行天皇の後裔で、讃岐の領主であった佐伯一族の氏寺として、推古天皇四年（五九六）に建立された。世坂寺と称したが、弘法大師帰朝後、母玉依御前の菩提を弔うため、大日如来を勧請して両界曼荼羅を安置。大同二年に起工して三年がかりで堂宇を造営、寺号を曼荼羅寺と改めた。永禄三年（一五六〇）の兵火で焼失、慶長年間（一五九六―一六一五）にも戦火で罹災、その後再

73番出釈迦寺奥の院の捨身ヶ嶽禅定

建された。

仁王門をくぐり橋を渡ると左に大師堂、正面に本堂。右に観音堂、納経所。本堂の三七〇枚の格天井には星座などが描かれ、宇宙と仏の世界の神秘を表現している。大師お手植えの「笠松」（不老の松）があったが枯れて、跡に松材で彫った大師像「笠松大師」を安置。境内には西行（一一一八―九〇）が訪れたときの「昼寝石」「笠掛桜」がある。近くに「西行庵」も。

公共交通機関利用不可。七十三番へ六百メートル。徒歩七分、車三分。

七十三番　出釈迦寺《しゅっしゃかじ》（我拝師山求聞持院）　善通寺市吉原町一〇九一

本尊 釈迦如来　開基 弘法大師　奈良後期～平安前期　真言宗御室派

弘法大師が七歳のころ、我拝師山に登り「仏門に入る願いが叶うなら釈迦如来現れ給え。叶わぬなら一命を捨てて諸仏に供養す」と谷底へ身を投じたら、釈迦と天女が舞い降り大師を受け止め「一生成仏」と告げた。青年になった大師は、ここに虚空蔵菩薩を刻んで安置し求聞持法を修した。「捨身ヶ嶽禅定」の謂れである。のちここに釈迦如来を彫り本尊として安置、一宇を建立した。山上への参拝は不便なことから、江戸時代に寺は麓に下り、もとの霊地は奥の院となった。現本堂は天明二年（一七八二）の建立。

駐車場から階段を上る参道左に修行大師像、三鈷の松。山門をくぐると正面に納経所。右に大師堂、本堂、地蔵堂。大師堂脇には求聞持大師像。本堂左の階段を上ったところに奥の院遥拝所。奥の院へは山道を一・八キロ登る。さらに鎖を伝って百メートル登ったところに行場がある。

公共交通機関利用不可。七十四番へ二・二キロ。徒歩四十分、車十分。

七十四番　甲山寺《こうやまじ》（醫王山多宝院）　善通寺市弘田町一七六五―一

本尊　薬師如来　開基　弘法大師　平安初期　真言宗善通寺派

弘法大師が壮年のころ、甲山の岩窟より現れた老聖者の教えに従い、毘沙門天を岩窟に安置し閼伽《あか》（仏に供える清水）を供えた。弘仁十二年（八二一）満濃池（まんのう町）修築工事を嵯峨天皇から命じられ、甲山の岩窟で薬師如来を刻み修法し、無事工事を終えることができた。この功績で下賜された金子をもとに当山の堂塔を建立、自刻の薬師如来を本尊とし、醫王山と号した。

総門をくぐり突き当りを左折すると二つ目の山門。右に納経所、正面が本堂、左に大師堂、毘沙門岩窟。大師堂脇に子安地蔵。岩窟の脇から山上にかけミニ西国三十三所。九百メートル東に仙遊寺（善通寺市仙遊町）。大師が幼少のころ泥土で仏像を造って遊んだところという。

公共交通機関利用不可。七十五番へ一・六キロ。徒歩二十分、車五分。

75番善通寺の南大門と五重塔

七十五番　善通寺《ぜんつうじ》（五岳山誕生院）　善通寺市善通寺町三—三—一

本尊 薬師如来　開基 弘法大師　大同二年（八〇七）

真言宗善通寺派

弘法大師の誕生所で、大師自ら建立した真言宗の根本道場。光仁天皇の宝亀五年（七七四）六月十五日にこの地で誕生。誕生所はいまの御影堂。境内には産湯の井戸、御影の池などがある。唐から帰朝した大師は、大同二年真言宗弘通《ぐづう》の勅許を得、父善通の供養で佐伯一族の菩提寺として一寺の建立を発願、弘仁四年七堂伽藍が完成した。暦応三年（一三四〇）、永禄元年（一五五八）の災禍があったが、歴代領主の庇護を受け伽藍が整えられ、金堂（本堂）は元禄十一年（一六九八）の再建。

佐伯善通の屋敷があった西院と、大師建立の寺である東院に分かれ、境内は四万五千平方メートル。東院には金堂、五重塔、南大門、中門、赤門、釈迦堂、鐘楼、佐伯祖廟など。西院には御影堂（大師堂）、奥殿、納経所、聖霊殿、遍照閣、護摩堂、親鸞堂、地蔵堂、本坊、聖天堂、宝物館、仁王門、勅使門、正覚門、宿坊いろは会館など。背後には香色山、筆山、我拝師山、中山、火上山の五岳が連なり屛風浦五岳山と称される。香色山にはミニ四国八十八ヶ所と鎮守の佐伯八幡。御影堂本尊は大師自画像の「瞬目大師《めひき》」。地下は戒壇巡り。真っ暗な中を進み大師と結縁できるようになっている。宝物館には国宝の「一字一仏法華経序品」「三国伝来金剛錫杖」をはじめ、国宝、重文がずらり。遍照閣では四国八十八ヶ所お砂踏みができる。

ＪＲ土讃線善通寺駅下車徒歩二十分。七十六番へ三・八キロ。徒歩一時間、車十分。

神仏習合の昔は番外の金毘羅山、今の金刀比羅宮（琴平町川西）を参拝するのが通例であったが、現在はお参りする遍路は少ない。

七十六番　金倉寺《こんぞうじ》（鶏足山宝幢院）　善通寺市金蔵寺町一一六〇

本尊　薬師如来　開基　和気道善　宝亀五年（七七四）　天台寺門宗

光仁天皇の御世に和気道善が創建。当初は道善寺と称した。弘法大師の甥で天台寺門宗の派祖、智証大師円珍誕生（弘仁五年）の地。仁寿元年（八五一）、文徳天皇の勅願寺となり、智証大師が薬師如来を彫り安置した。醍醐天皇の延長六年（九二八）、金倉寺と改める。建武（一三三四―三八）の争乱や天文六年（一五三七）の兵火で焼失、寛永九年（一六三二）高松藩主・松平頼重によって伽藍が再建された。

仁王門をくぐり左手に鐘楼、右手に「妻返しの松」、智証大師像、納経所、本坊。正面に本堂。左に訶梨帝母堂、観音堂、大師堂。大師堂には智証大師像（重文）と弘法大師、神変大菩薩（役行者）を祀る。境内の「妻返しの松」は第十一師団長として赴任した乃木希典が、東京から訪ねてきた妻を女人禁制だからと追い返した場所とされる。駐車場に四国八十八ヶ所お砂踏み。
JR土讃線金倉寺駅下車徒歩十分。七十七番へ三・九キロ。徒歩一時間十分、車十分。

七十七番　道隆寺《どうりゅうじ》（桑多山明王院）多度津町北鴨一―三―三〇
本尊 薬師如来　開基 和気道隆　和銅五年（七一二）　真言宗醍醐派
元明天皇の時代、この地方の領主だった和気道隆の創建。桑園に妖しい光を放つ大木があり、道隆が矢を射ると悲鳴がして乳母が倒れていた。この木を切り薬師如来の小像を彫って供養すると、乳母は生き返ったという。大同二年道隆の子・朝祐が弘法大師に懇願、大師自作の薬師如来の胎内に小像を入れ本尊として安置、朝祐が伽藍を整備した。貞観年間（八五九―七七）の地震や天正年間（一五七三―九二）兵火に遇うも、のちに再建。眼科の達人といわれた京極左馬造《さまぞう》（潜徳院殿）堂がある。盲目だったが、薬師如来のおかげで眼がみえるようになった御典医で、眼病平癒の寺として信仰が篤い。齢の数だけ「め」と書いて奉納すればご利益があるという。
仁王門をくぐって左手に納経所、潜徳院殿堂。正面が本堂。右に多宝塔、大師堂。境内に西国・板東・秩父百観音をはじめ二五五体の観音を祀る。寺宝の鎌倉時代の「星曼荼羅図」は重文。
JR予讃線多度津駅下車徒歩十五分。七十八番へ七・二キロ。徒歩二時間、車二十分。

七十八番　郷照寺《ごうしょうじ》（仏光山広徳院）宇多津町一四三五

本尊 阿弥陀如来　開基 行基　神亀二年（七二五） 時宗

行基が来錫し阿弥陀如来を彫って堂宇を建立、仏光山道場寺と命名した。大同二年、弘法大師巡錫のおり、堂舎を修築し、本尊を供養、厄除け祈願をした。仁寿年間（八五一―五四）理源大師聖宝が籠山、寛和年間（九八五―八七）には恵心僧都源信が釈迦如来画像を奉納、仁治元年（一二四〇）には道範阿闍梨が滞在した。正応元年（一二八八）時宗の開祖・一遍上人が逗留、教化を進め、時宗に改宗。天正七年（一五七九）兵火で焼失。文禄二年（一五九三）再興。寛文四年（一六六四）寺号を郷照寺と改めた。

地元では「厄除けうたづ大師」と呼ばれる。時宗の寺であるが真言宗流の祈禱を行う。山門をくぐり左に回り込むように上る。階段を上り左に納経所。右に本堂。本堂左の階段を上り大師堂。脇の地下に万体観音。境内には淡島明神堂、庚申堂などがある。本坊裏に庭園。境内から間近に瀬戸大橋の展望が楽しめる。

JR予讃線宇多津駅下車徒歩二十分。七十九番へ五・九キロ。徒歩一時間五十分、車二十分。

七十九番　天《てん》皇《のう》寺《じ》（金華山高照院）　坂出市西庄町天皇一七一三―二

本尊 十一面観音　開基 行基　天平年間（七二九―四九） 真言宗御室派

寺伝によれば行基が開創。弘仁年間（八一〇―二四）弘法大師巡錫のおり、八十場の霊泉の畔に霊木があり、光を放っていた。大師はその木で十一面観音、愛染明王、阿弥陀如来を彫り、一寺を建立して安置した。もと金山の中腹にあったが、後嵯峨天皇の時代に現在地に移った。保元元年（一一五六）崇徳上皇が配流され、末寺の長命寺を仮御所とした。長寛二年（一一六四）崩御の際に、八十場の水に玉棺を安置、都からの使者がくるまで腐らないようにした。崇徳天皇社を造営、別当寺となり摩尼珠院と号した。明治の神仏分離で廃寺となり、明治二十年（一八八七）、筆頭末寺の高照院が当地に移り天皇寺を再興した。現在も高照院という遍路が多いのはそのなごりである。

正面の朱塗りの鳥居は「三輪鳥居」といわれ、中央の大鳥居の左右に小さな鳥居がついた独特の形式。正面に白峰宮（崇徳天皇社）。右に納経所、本坊。左に本堂、大師堂、地蔵堂。神仏習合のなごりで中央に神社があり、左右に分かれて寺がある珍しい配置になっている。奥の院摩尼珠院は東側の城山に、もとの寺があった西側の金山には瑠璃光寺がある。白峯宮裏に八十場の水。茶屋のところてんが名物。

79番天皇寺の三輪鳥居

ＪＲ予讃線八十場駅下車徒歩五分。八十番へ六・六キロ。徒歩二時間、車十五分。

八十番　國《こく》分《ぶん》寺《じ》（白牛山千手院）　高松市国分寺町国分二〇六五
本尊 千手観音　開基 行基　天平十三年（七四一）　真言宗御室派
聖武天皇の勅願で行基が建立、本尊として千手観音を彫り、天平勝宝八年（七五六）に落慶した。弘仁年間に弘法大師が逗留、伽藍を修復した。天正年間の兵火で本堂と鐘楼を残し焼失、慶長年間（一五九六―一六一五）高松藩主・生駒一正により再興された。本堂は鎌倉中期の建立で重文。行基作と伝える本尊千手観音、梵鐘も重文。梵鐘は慶長年間、生駒一正が高松城に持ち帰ったが、自ら「いぬ（帰る）」といったので返されたという伝説が残る。国指定史跡。
國分寺の名にふさわしい千年以上の歴史の風格を漂わせる。仁王門をくぐると右側に地蔵堂、鐘楼、左右にもと金堂跡、七重塔跡の礎石が点在する。放生池の橋を渡って正面に本堂。右に回り込んで門をくぐると大師堂、納経所。大師堂地下に千体観音。境内にはミニ四国八十八ヶ所。裏に讃岐国分寺跡資料館。僧坊跡の復元や往時の模型、出土品などを展示。
JR予讃線国分駅下車徒歩五分。八十一番へ六・五キロ。徒歩二時間三十分。遍路ころがしと呼ばれる急坂を登る。車は十四キロ、三十分。

八十一番　白《しろ》峯《みね》寺《じ》（綾松山洞林院）　坂出市青海町二六三五
本尊 千手観音　開基 弘法大師、智証大師　弘仁六年（八一五）　真言宗御室派
弘法大師が登攀して、白峰山頂に如意宝珠を埋め、閼《あ》伽《か》井《い》を掘って衆生済度の誓願を立てた。

81番白峯寺の本堂

貞観二年（八六〇）、智証大師円珍が白峯大権現（相模坊）の神託を受けて、千手観音を刻み本尊として安置した。保元の乱で配流された崇徳上皇が長寛二年に崩御、寺の隣接地に白峰御陵が造られた。三年後に西行が参拝、供養した。建久元年（一一九〇）後鳥羽天皇が上皇の霊を祀る廟所として法華堂（現頓証寺殿）を建立した。応永二十一年（一四一四）後小松天皇の勅額「頓証寺」（重文）が足利義持から奉納された。

　五色台は白峰、黄峰、青峰、黒峰、赤峰からなる。その白峰の山中にある。仁王門をくぐると正面に護摩堂兼納経所。左折して正面の門を入ると頓証寺殿。門の手前を右折し、階段を上ると右に鐘楼、左に薬師堂、行者堂。山上正面に本堂、右に大師堂、左に阿弥陀堂。頓証寺殿奥に白峯御陵。参道に源氏の菩提を弔うために建立された十三重石塔。

公共交通機関利用不可。八十二番へ五キロ。徒歩二時間、車は八キロ、二十分。

八十二番　根《ね》香《ごろ》寺《じ》（青峰山千手院）　高松市中山町一五〇六

本尊 千手観音　開基 弘法大師、智証大師　弘仁年間　天台宗

弘法大師が巡錫のおり、金剛界曼荼羅の五智如来を感得し、青峰、黄峰、赤峰、白峰、黒峰の五色の山名を命名、青峰に花蔵院《けぞういん》を創建し、五大明王を祀り、護摩供を修法した。智証大師は天長九年（八三二）、市之瀬明神の化身である老翁のお告げにより、霊木で千手観音を刻み千手院を創建。両大師創建の二院を総称して根香寺と号した。天正年間の兵火で焼失、慶長年間に再建、さらに寛文四年（一六六四）高松藩主・松平頼重によって再興され、天台宗に改宗した。智証大師作とされる本尊千手観音は重文。

五色台の青峰の山中にある。仁王門をくぐっていったん階段を下りる。谷底から階段を上り、境内中心へ。右に大師堂、左に納経所、五大明王堂。さらに正面の階段を上ると本堂。回廊式になっており前堂には万体観音、右手に阿弥陀堂。五大明王堂前に白猴欅。駐車場脇に牛鬼像。人びとを苦しめていた怪物で、四百年前に山田蔵人高清が仕留めたという。参道は紅葉の名所。

82番根香寺にある牛鬼像

公共交通機関利用不可。八十三番へ十一・九キロ。徒歩四時間。車は十八キロ、四十分。

八十三番　一《いちの》宮《みや》寺《じ》（神毫山大宝院）高松市一宮町六〇七

本尊 聖観音　開基 義淵　大宝年間（七〇一―〇四）真言宗御室派

大宝院と号して、義淵が法相宗寺院として開基。和銅年間（七〇八―一五）行基によって讃岐一宮田村神社の別当として一宮寺に改めた。大同年間（八〇六―一〇）、弘法大師によって聖観音が彫られ本尊として安置、伽藍を再興し、真言宗に改めた。天正年間の兵火で焼失、宥勢が再建。延宝七年（一六七九）、高松藩主・松平頼重により神仏分離、別当寺を解職された。本堂は元禄十四年（一七〇二）の再建。

山門をくぐると正面に本堂。右に納経所、大師堂、護摩堂。左に鐘楼、三密会館、稲荷堂。本堂前には薬師如来祠。石造で台座の下から地獄の釜の音が聞こえるという。頭を入れると新しい境地が開けるとされる一方、心がけの悪い人だと石の扉が閉まり、頭が抜けなくなるとか。東側に隣接してもと札所の田村神社。他の別当寺が明治の神仏分離で分かれたのに対し、二百年近く早く神仏分離している。

高松琴平電鉄琴平線一宮駅下車徒歩十分。八十四番へ十三・六キロ。徒歩四時間二十分、車は十七キロ、五十分。

八十四番　屋島寺《やしまじ》（南面山千光院）　高松市屋島東町一八〇八

本尊 十一面千手観音　開基 鑑真　天平勝宝年間（七四九―五七）　真言宗御室派

唐揚州龍興寺の鑑真が奈良への途上、屋島沖で瑞光を感得、屋島北嶺に普賢菩薩を安置し普賢堂を建立、開創した。東大寺戒壇院の恵雲が精舎《しょうじゃ》を構え、堂塔を整え屋島寺と号した。弘仁六年、弘法大師が伽藍を北嶺から南嶺に移し中興した。天暦年間（九四七―五七）には明達が四天王像を安置。藤原時代の本尊十一面観音、鎌倉時代の本堂、梵鐘はいずれも重文。

屋島山上南嶺にあり、仁王門、四天門をくぐって正面が本堂。左に宝物館。右に納経所、大師堂、三躰堂、千躰堂。境内には日本三大狸の一つ大三郎狸を祀る蓑山大明神がある。屋島狸ともいわれ、夫婦の狸の石像はユーモラス。宝物館には重文の本尊などの仏像や、源平盛衰記絵巻物など源平合戦の資料が展示されている。麓からの徒歩参道には「食わずの梨」「屋島の御加持水」といった弘法大師ゆかりの霊跡がある。東麓は源平の古戦場である壇の浦。

JR高徳線屋島駅から山上シャトルバス乗換屋島山上下車。八十五番へ五・四キロ。徒歩二時間二十分。車はケーブル八栗登山口駅まで八キロ、二十分。

八十五番　八栗寺《やくりじ》（五剣山観自在院）　高松市牟礼町牟礼三四一六

本尊　聖観音　開基　弘法大師　天長六年（八二七）　真言宗大覚寺派

弘法大師が五剣山に登って虚空蔵求聞持法を修行、結願に至って五柄の剣が虚空より降り、金剛蔵王が示現し山の鎮護を告げた。大師は五剣を中岳に埋め、大日如来を刻んだ。山頂から八か国が望めたので八国寺と称した。延暦年間（七八二―八〇六）大師が再訪、入唐前に植えていた焼栗八つが芽を出し、繁茂しているのをみて八栗寺と改めた。天正年間（一五七三―九二）兵火

85番八栗寺境内。正面本堂の後にそびえる五剣山

で焼失、文禄年間（一五九二―九五）無辺が再興、現本堂は寛永十九年（一六四二）の再建。延宝五年木食以空が東福門院下賜の歓喜天（聖天《しょうてん》）を勧請、信仰が篤い。

五剣山の山中にある。山門手前にお迎え大師があり、展望台になっており高松市内を一望できる。山門をくぐって左に護摩堂、納経所、聖天堂。正面に本堂。左に鐘楼、地蔵堂、大師堂、多宝塔、本坊。本堂脇の階段を上ると中将坊堂。境内にミニ四国八十八ヶ所。山はもともと五つの峰があったが、宝永三年（一七〇六）の大地震で一峰が崩落、四峰になった。行場であるが、危険なため立入禁止になっている。

高松琴平電鉄志度線八栗駅下車徒歩三十分でケーブル八栗登山口駅。ケーブル所要四分、十五分ごと。山上駅下車徒歩五分。八十六番へ六・五キロ。徒歩二時間。車はケーブル駅から八キロ、二十分。

八十六番　志度寺《しどじ》（補陀洛山清浄光院）　さぬき市志度一一〇二

本尊　十一面観音　開基　藤原不比等《ふひと》　推古天皇三十三年（六二五）　真言宗善通寺派

推古天皇三十三年、凡薗子という尼僧は、閻魔大王の化身が志度浦に漂着した楠の霊木で十一面観音を彫り姿を消したのをみて、補陀洛の観音と感得し小堂を建てた。天武天皇十年（六八一）に藤原不比等（六五九―七二〇）の妻であった海女の墓を建立、堂を整備した。不比等の子、房前《ふさ さき》（六八一―七三七）が行基とともに諸堂を再興、『法華経』八巻を納め、志度寺とした。弘法大師が弘仁年間に修復。天正年間の兵火にかかるが、高松藩主・松平家の帰依篤く徐々に再興、現在の本堂は寛文七年（一六六七）の建立。謡曲「海人」の珠取り伝説の舞台となった寺である。

86番志度寺の山門と五重塔（左）

本堂、仁王門、本尊十一面観音、不動明王、毘沙門天、絵画「志度寺縁起」「十一面観音像」は重文。

仁王門をくぐって右に納経所。左に曲がり鐘楼、五重塔、奪衣婆《だつえば》堂、海女の墓。右に回り込み順に、本堂、大師堂、閻魔堂、薬師堂、宝物館。曲水式庭園は室町時代から細川氏代々が策定したもの。書院裏の枯山水・無染庭は海女の珠取り伝説を表現。

ＪＲ高徳線志度駅下車徒歩十分。八十七番へ七キロ。徒歩二時間、車二十分。

八十七番　長尾寺《ながおじ》（補陀落山観音院）　さぬき市長尾西六

五三

本尊 聖観音　開基 行基　天平十一年（七三九）　天台宗

聖徳太子の開創と伝えられ、天平十一年、行基巡錫の際、霊夢で本尊を刻み安置した。当初は法相宗。のち弘法大師巡錫のおり、一字一石の供養塔を建立し、護摩供を修し、真言宗に改宗。天正年間の兵火で焼失、慶長年間（一五九六―一六一五）再興。天和元年（一六八一）、高松藩主・松平頼重が田畑を寄進、藩命で天台宗に改宗、讃岐七観音の一つに定められた。毎年一月七日に大会陽力餅が催される。仁王門前左右にある「経幢」は、元寇で戦死した将兵の供養塔で重文。吉野山で源義経と別れ、母とともに故郷に帰って得度した、という静御前の髪を埋めた剃髪塚がある。

仁王門をくぐり、正面が本堂、右に大師堂、薬師堂。左に護摩堂、静御前剃髪塚、本坊。納経所は仁王門左わきの「お休み処静」、営業中はこの中、休業時は本坊。

高松琴平電鉄長尾線長尾駅下車徒歩三分。八十八番へ十五・一キロ。徒歩四時間二十分。車は十七キロ、一時間。

八十八番　大《おお》窪《くぼ》寺《じ》（医王山遍照光院）　さぬき市多和兼割九六

本尊 薬師如来　開基 行基　養老元年（七一七）　真言宗単立

元正天皇の勅願で行基が開基。弘法大師が唐から帰朝後の弘仁七年（八一六）、現在の奥の院付近の女体山の岩窟で求聞持法を修し、谷間の無墓地に堂宇を建て、等身大の薬師如来を刻み本尊とした。また、恵果和尚から授かった三国伝来の錫杖を納めた。真済（八〇〇―六〇）のころ隆盛をきわめ、女人高野として栄えたが、天正年間の兵火で焼失、のち再興した。本尊薬師如来は薬壺でなく法螺を持った珍しい尊容。結願所で金剛杖を納める遍路も多い。奉納された杖は、毎年春分の日と八月二十日の柴燈《さいとう》護摩で焚きあげられる。申し出れば結願証を書いてくれる。

二天門をくぐって階段を上ると、正面が本堂。右に阿弥陀堂、左に納経所。さらに左に上がって錫杖堂、大師堂、下れば新しい仁王門。大師堂地下には四国八十八ヶ所お砂踏み。鐘楼脇から山道を八百メートル上がったところに奥の院胎蔵峰寺。大師修行の岩窟があり、本尊に水を捧げるために、大師が独鈷で加持して湧いたといわれる「閼伽井の水」は枯れたことがないという。

88 番大窪寺。祈願して杖を納める錫杖堂

さぬき市コミュニティーバス大窪寺下車すぐ。一番へ四十キロ。徒歩一日半、車一時間三十分。

Ⅲ　巡礼概論

一　巡礼・遍路とは

癒やしの時代といわれる現在。物質的に豊かになっても、心に満たされないものがあるといわれています。そんな中、心の平安を求めて寺参りをする。それも複数の寺を順序立てて。これが巡礼です。字義どおりに解釈すれば、礼拝して巡ること。巡拝ともいいます。順番に回れば順拝と書いてもいい。順礼も可。日本での巡礼の代表的なものは、四国八十八ヶ所と西国三十三所です。四国は約千二百年前の弘法大師の修行の足跡を巡る巡礼、西国は観音菩薩を本尊とする近畿地方（岐阜県を含む）の寺院を巡る巡礼です。

『広辞苑』（第六版、新村出編、岩波書店、二〇〇八）によると、

じゅんれい【巡礼・順礼】①聖地・霊場を参拝してまわること。キリスト教徒のパレスチナ巡礼、イスラム教徒のメッカ巡礼、日本では西国巡礼・四国巡礼・三塔巡礼・千箇寺参りの類。②諸所の霊場を巡拝する人。笈摺《おいずる》を背にし、菅笠を戴き、脚絆・甲掛《こうがけ》をつけ草鞋をはき、詠歌を唱えて途中の門戸に銭を乞う。

とあります。菅笠、草鞋など、いささか時代がかった説明がなされています。現代でもごく一部ですが、こうした格好で回っている人がいます。

一方、遍路は、もっぱら四国八十八ヶ所霊場、およびその写し霊場である、小豆島八十八ヶ所

など、弘法大師霊場でしか用いられません。巡礼の一種であるにもかかわらず、これだけが、遍路と呼ばれてきたのです。

広辞苑には、

へんろ【遍路】空海の修行の遺跡である四国八十八箇所の霊場などを巡拝すること。また、その人。辺路。季春。

とあります。

俳句の季語で春とされているのは、春三月になるとお遍路にでるというのが慣習だったからです。いまでこそ車で年中回りますが、昔は歩きしかなかったので、寒い冬や暑い夏を避け、春と秋の時候のいい時に回ったのです。いまでも三月になるお遍路さんの数が増えるのはこうしたことからです。

現在、巡礼、遍路がブームだといわれています。なかでも、四国八十八ヶ所霊場に参拝する人は、年間三十万人とも五十万人ともいわれています。多くはマイカーや団体バスによる参拝ですが、平成になってから、昭和後期には一度は廃れかけていた歩き遍路がまた増加し、年間三千人は下らないところまできています。また、部分的に歩く人も含めれば一万人を超すともいわれています。車なら一週間ないし十日もあれば回れるところを、あえて四十―五十日かけて、歩いて回るのです。

まず、巡礼の形態から、大きく直線型巡礼と、円環型巡礼に分けることができます。

直線型とは、イスラム教でメッカを、キリスト教でエルサレムやローマを目指して、途中いくつかの聖跡を巡拝するけれども、あくまでも単一の目的地に向かってひたすら進む形態です。諸外国の巡礼の形態はほとんどこれです。

一方、円環型は、四国八十八ヶ所や西国三十三所にみられるごとく、札所を順番に回って、満願するタイプで、その札所間には優劣がない。日本特有といってよい巡礼の方式で、結願した後、最初にお参りした寺に「お礼参り」したり、さらに二回目、三回目と、際限なく回り続ける人もいるのです。ちなみに私は四国を百周以上、西国を二十周以上巡っています。

次に巡礼の内容から分ければ、祖師巡礼（聖跡巡礼）と本尊巡礼、その他に大別できます。

祖師巡礼とは、ある特定の宗教あるいは宗派の開祖を慕い、その聖跡を巡るのを基本とします。真言宗の開祖、弘法大師の四国八十八ヶ所霊場が有名ですが、このほかに浄土宗の開祖である法然上人の圓光大師二十五霊場（法然上人二十五霊場とも）、西山浄土宗派祖の西山国師遺跡霊場、浄土真宗の親鸞聖人二十四輩、和宗の聖徳太子御遺跡霊場などがあります。また、四国別格二十霊場、真言宗十八本山巡りなども弘法大師を慕って巡礼するという意味において、この範疇に入れてよいでしょう。

本尊巡礼は、ある特定の本尊をお祀りする寺を巡るもので、観音菩薩の西国三十三観音、坂東三十三観音、秩父三十四観音の三霊場を合わせ日本百観音とするのをはじめ、新西国三十三観音など全国各地に観音霊場があります。また、近畿三十六不動尊霊場、西国四十九薬師霊場、洛陽六阿弥陀、京都六地蔵、西国愛染十七霊場などといった、不動明王、薬師如来などの本尊を巡拝する霊場巡りも各地にあります。なお、十三仏、七福神など複数の本尊をお参りする霊場もこれに含めることができるでしょう。

祖師、本尊いずれにも属さない霊場を、ここではその他に分類しますが、おもに特定地域の名刹を回るものが多いようです。たとえば、大阪府南部に散在する古寺を巡礼する河内飛鳥霊場、滋賀県北部の近江湖北二十七名刹霊場などです。また、尼寺三十六所、関西花の寺二十五か所といった、特殊な霊場もあります。後者は信仰というよりも観光的要素が強いのですが、巡拝する人がおり、霊場会が組織され積極的に活動していることから、あらたな巡拝の形態として考えられるでしょう。

また、熊野詣での九十九王子巡拝も、その他に分類されるべきでしょう。熊野三社を巡拝するという面では、熊野権現を本尊とする円環型ともいえるのですが、そこに至る九十九王子は、かならずしも巡拝しなければならない札所ではなく、日本にはまれな直線型であり、特異な形態といってよいでしょう。もっとも、そこに至る道筋は辺路《へち》と呼ばれ、後でお話する遍路の歴史と重なる部分があるので要注意です。

これらを合わせて日本国内に、約五百の霊場があるといわれています。うち、私が巡礼したことがあるのは、わずか五十ほどにすぎません。が、メジャーな霊場は各形態をほぼ網羅しているのと、全国各地の写し霊場は、私が巡拝したことのある近畿を中心とした写し霊場から類推できるのではないかと考えています。

二　四国遍路の歴史

日本での霊場巡礼がいつごろから始まったか。確証を得るのは困難です。

四国遍路は、弘法大師空海（七七四―八三五）が修行した跡を巡る巡拝です。弘法大師が自らの著書『三教指帰《さんごうしいき》』（延暦十六年＝七九七）に、「阿波大瀧嶽にのぼりよじ、土佐室戸岬で勤念す」と書かれていますから、当時、修行の場としての大師の足跡があったことはたしかなのです。

遍路は、江戸時代の澄禅《ちょうぜん》（一六一三―八〇）の『四國遍路日記』（承応二年＝一六五三）にみられるように、それまでは辺路《へんろ》と書かれていたのであり、古くは「へじ」あるいは「へち」と読みならわされていました。これは熊野に至る街道である大辺路、中辺路、小辺路に通ずるものであり、熊野も四国も都から遠くはなれた僻地にあったと認識されていたからにほかなりません。そこは修行者の行く海沿いの僻地であり、行道はそこから山間部に入っていくことがあったにせよ、基本的には海沿いの道であったのです。

青年時代の弘法大師は、そのようなところで修行したわけであり、おそらくそこには先哲がいたはずです。行基（六六八―七四九）もそうであったろうし、もしかしたら役小角《えんのおづぬ》も。奈良時代には雑密《ぞうみつ》の行者が、多くこうした辺路をめぐっていたであろうことは想像に難くありません。そしてこうした行者から弘法大師は虚空蔵求聞持法を学んだのです。

また、弘法大師は、石鎚山、足摺岬にも足跡を残したとされています。誕生の地善通寺や捨身ヶ嶽（出釈迦寺）にも確実な足跡がある。そして四国を回るうち、当時すでに成立していることが明らかな各国の国分寺、のちに一宮となる由緒ある神社に参拝したであろうことは想像に難くありません。否、好奇心旺盛な青年が、行っていないと考えるほうが不自然です。もちろん、今の八十八ヶ所すべてではないでしょうが、開基の古い札所にはおそらく寄っていただろう、というのが私の見解です。

そして、四十二歳の厄年にあたる弘仁六年（八一五）、四国霊場を開創したと伝えられています。歴史学的には考えられないとされますが、四国八十八ヶ所霊場会をはじめ、信仰上は定説とされています。四国霊場の開創については、ほかに弘法大師入定後、高弟の真済《しんぜい》（八〇〇―六〇）が、その遺跡を巡拝した。伊予の長者であった衛門三郎が、弘法大師の行乞に応じず、そのたたりで八人の子供を亡くし、自己の非を悟って、大師の後を追って巡ったなどと伝えられていますが、いずれも伝承の域をでません。

しかし、ほどなく平安時代末期には、四国辺地の巡拝が行われたことが『今昔物語集』、『梁《りょう》塵《じん》秘《ひ》抄《しょう》』に書かれており、理源大師聖宝《しょうぼう》（八三二―九〇九）や重源（一一二一―一二〇六）も四国で辺路修行をしています。また、西行（一一一八―九〇）が中途で断念したにせよ、讃岐の弘法大師の遺跡を巡拝したのは、その行跡からも疑いのない事実です。香川県善通寺市に残る西行庵からも、その足跡が裏付けられるでしょう。今の八十八ヶ所のような札所は確立されていなかったかもしれませんが、その萌芽はこの時代にみられるのです。

　鎌倉時代に入ると、道範（一一七八―一二五二）が善通寺など弘法大師の遺跡を参拝したことを『南海流浪記』に書いています。時宗の開祖である一遍（一二三九―八九）も四国辺路の大師の遺跡を回りました。そして、当初は僧の修行としての巡拝だったのが、室町時代になると庶民も回るようになりました。

　八十八の数字がでてくるもっとも古いのは、文明三年（一四七一）。この銘を持つ鰐口《わにぐち》が、高知県いの町（旧本川村）の越裏門地蔵堂で確認されています。すでに本四国の八十八があって、村に写し霊場が開かれていた証拠です。

越裏門地蔵堂の鰐口（高知県いの町本川新郷土館蔵）

　八十八の札所番付が、いつごろ成立したかは不明ですが、このころまでには決まっていたといえます。また、寂本（一六三一―一七〇一）の『四國偏禮霊場記』（元禄二年＝一六八九）には、「八十八番の次第、いづれの世、誰の人の定めあへる、さだかならず。今は其番次によらず」とあることから、すでに札所の番次が決まっていたことがわかります。そして、遍路のガイドブックともいえる真念《しんねん》（？―一六九二）の『四國邊路道指南』（貞享四年＝一六八七）に

『四國霊場記』（6番安楽寺蔵）

よって、庶民も多く遍路にでたことがわかるのです。両書と現在とを比べてみると、札所もほぼ同じです。明治の神仏分離で、神社が札所だったところから、別当寺へ移った例を除いては、変わっていないといえます。江戸時代までは神仏習合で神社の札所もありました。それが分離あるいは近接の寺に移ったのです。

一番から八十八番という番付はいつからかというと、文献上でてくるのは真念『四國邊路道指南』からです。それまでは番号が付いていなかった。少なくとも文献上は確認できません。そもそも、四国一番（徳島県鳴門市の霊山寺）は、京、大坂といった、関西方面から船で上陸した場合、ここから打ち始めるのが便利であることから、付けられたようです。真念は二十周以上四国を巡った高野聖です。大坂出身であったことから、このような番付を作ったのではないでしょうか。今は大阪から明石大橋、大鳴門橋を渡って鳴門の一番に行きますが、当時は橋などありませんから船で行ったのです。

番付は真念『四國邊路道指南』で初めてでてきますが、それ以前の澄禅『四國遍路日記』でも番付はないにしても、霊山寺からの打ち始めができない言い訳をしていることから、江戸時代初期に一番霊山寺が定着していたといえるでしょう。しかし、澄禅は十七番井戸寺から打ち始めています。空性《くうしょう》法親王（一五七三―一六五〇）は四十四番大宝寺からというのが、賢明『空性法親王四國霊場御巡行記』（寛永十五年＝一六三八）に書かれています。高群逸枝《たかむれいつえ》（一八九四―一九六四）が『娘巡礼記』を書いた大正七年（一九一八）の遍路では、九州から愛媛県の八幡浜に渡り、四国を一周しています。

一番霊山寺からが便利なのは関西からみた場合であって、四国在住の人はいまでも地元の寺から始めるのが通例です。また、岡山など中国地方からは、香川県のお大師さま誕生の地である七十五番善通寺から、九州方面からは船で愛媛県八幡浜市や松山市に渡り、そこに近い札所から打ち始めているケースが多いのです。一番から回らなければならないということはないのです。昭和後期から平成にかけ一番の宣伝上手もあって、一番から始め、八十八番を打ち終えたら、また一番にお礼参りするという風習ができました。一番の先代住職が商売上手だったのです。

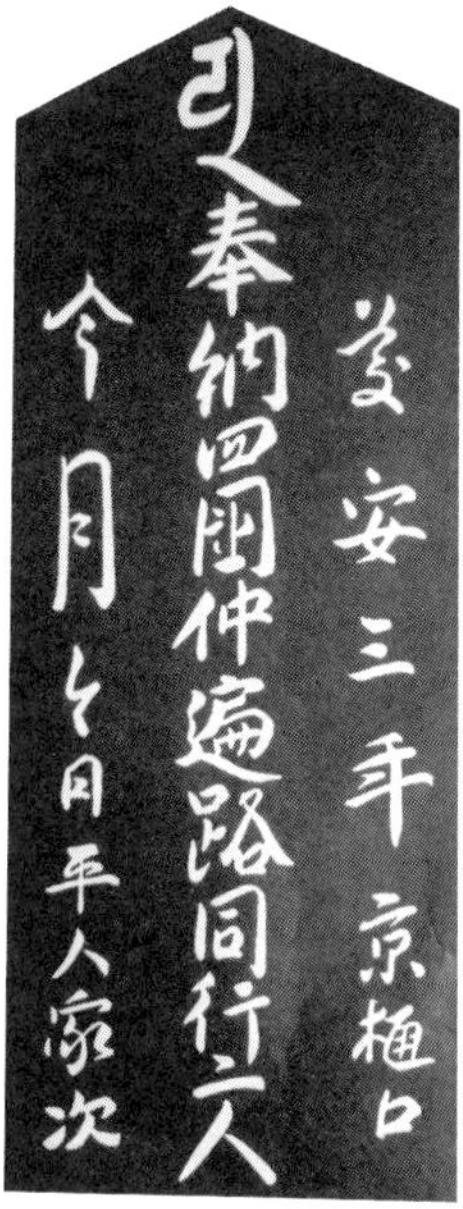

圓明寺に残る銅製の納札
（複写、圓明寺提供）

ちなみに四国に残る最古の納札は、五十三番圓明寺の慶安三年（一六五〇）のものです。納札とは、参拝した証にお寺に納める短冊型の札のことです。庶民が巡礼し札を納める慣習が、このころまでに成立していたことが分かるのです。霊場の寺を札所といい、参拝することを、札を打つというのは、この納札に由来するのです。

庶民が巡礼をするようになったとはいえ、当時の社会情勢からいけば、ごく恵まれた人だけでした。農民でいえば庄屋クラスです。地域で講を作って、毎年、選ばれた人が順に回るという方式もできました。それでも、実際に巡礼できるのは夢のまた夢といってよいでしょう。そこで考えられたのが、その地域に写し霊場を作ることです。室町時代から江戸時代にかけて、四国八十八ヶ所や西国三十三所の写し霊場が全国各地に開設されました。

三　交通手段

江戸時代には街道が整備され、海路も定期便がでるようになります。特に、京、大坂から、四国へは瀬戸内海という天然の〝運河〟があったため、海運が発達します。四国、西国の案内書が出版され、それを懐に巡拝する、現在の原型ができたのも、真念の『四國邊路道指南』などができて以降だと思われます。しかし、船以外は歩くしかありませんでした。かごや馬は、貴族か大名のものでしかなかったのです。当たり前のことですが。

これが、変わるのが明治維新です。交通手段としての鉄道が、巡拝の仕方を変えたのです。

明治七年（一八七四）、大阪―神戸間に鉄道が開通。以後、関西圏には鉄道網が張り巡らされていきます。都市間を結ぶのみならず、有名な寺社への参詣の便が図られたのです。高野大師鉄道（現南海電鉄）による高野山への鉄道敷設が代表的なものですが、西国札所の名を冠する駅も、紀三井寺、中山寺、松尾寺（JR）、藤井寺、長谷寺、岡寺、壺阪山（近鉄）、総持寺（阪急）、石山寺、三井寺、三室戸（京阪）、法華寺口（北条鉄道）、谷汲（名鉄＝廃止）、醍醐（京都市営地下鉄）と枚挙に暇がありません。京都、奈良の都心部と、鋼索線（書写、成相）、地名との合致（那智、粉河）、航路（竹生島、長命寺航路は現在休止）を含めれば、交通機関が利用できない寺は、ごくわずかしかないことがわかります。

こうして、歩くしかなかった巡礼道が、公共交通機関利用の札所巡りに変貌していきます。京都、大阪、奈良といった、都市周辺の札所が多い西国にあっては、かつての巡礼道は忘れ去られ、巡礼宿も廃業していきます。明治時代後期から大正にかけて、すでに現在に近い巡礼スタイルになったものと思われます。案内書も当然それに対応したものとなります。何々駅から何丁というふうに書かれているのです。石の道標も兵庫県福崎町で駅へ何丁というのを確認しています。車社会になる前は、歩きと鉄道併用時代といってよいでしょう。

荻原井泉水《おぎはらせいせんすい》（一八八四―一九七六）の『観音巡礼』（昭和三年＝一九二八）には、「徒歩する者は洋服にリュックを負うたあるかう会の会員といふてあひか、運動会気分のおばあさん連かになってしまふ」と書かれており、「先を急ぐほんとうの巡礼は却て電車に乗る」と明言しています。このことから、当時の巡礼が鉄道を積極的に利用していたことがわかるのです。というか、西国巡礼では徒歩巡礼は戦前にしてすでに異端であったのです。さらに戦後に至り、モータリゼーションの発達で、マイカー巡礼がさかんになり、道路地図が主体の案内書に変わります。そうすると鉄道利用が減り、経営難から名鉄谷汲線のように廃止されるものもでてきました。

西国についていえば、唯一の例外が一番から二番の南紀の道です。熊野古道と重なるこの巡礼道は、昭和に至るまで辺路《へち》だったのです。和歌山—串本間の紀勢西線の全通は昭和十五年（一九四〇）。東線を含む全通は昭和三十四年（一九五九）です。それまでは、一部を歩くか汽船を使うしかなかったのです。井泉水も船を利用しています。従って船利用が主流であったのでしょうが、歩いての参詣も多かったということができます。そのせいか、巡礼道の保存状態はよく、二番以降の巡礼道が平地は車道となり、また山道は埋もれて分からなくなっているのに対し、昔ながらの石畳の巡礼道が随所に残されているのです。紀伊山地の霊場と参詣道の世界遺産登録を機に道標なども改めて整備されたので、今日ではまったく歩くのに困難はありません。

一方、四国は鉄道の発達が遅れました。明治二十一年（一八八八）の伊予鉄道（松山—三津浜）が最初で、幹線（のちの国鉄、ＪＲ）は明治三十六年の讃岐鉄道（多度津—琴平）まで待たねばならなかったのです。それも短距離の部分開通に過ぎません。各県を結ぶ幹線は、高徳本線が昭和十年、予土線の全通に至っては昭和四十九年です。そして、いまだに阿南地域と土佐を結ぶ線路はつながっていないのです。いまの経済状況からいけば、第三セクターが経営する赤字路線の阿佐海岸鉄道、ならびに土佐くろしお鉄道は廃止になることがあっても、つながることはありえないでしょう。こうしたことから、都市周辺の一部札所を除いては、鉄道の恩恵をこうむることはできず、昭和になっても、昔ながらの歩き遍路をするしかなかったのです。

徒歩遍路としては、最多の二八〇回巡拝した中務茂兵衛（一八四五―一九二二）は、大正時代まで四国遍路をしていたのですが、にもかかわらず、徒歩を続けたのは、信念もあったのでしょうが、四国の交通が不便であり、鉄道などの利用に価値が見出せなかったからではないでしょうか。彼が、徒歩遍路のための道しるべとしての石標を建立して回った（現在確認されているだけで二三七基）のも、徒歩遍路が永遠に続くことを想定してのことであったのでしょう。当時、西国のように駅へという表記が四国ではなじまなかったのです。

高群逸枝が、『娘巡礼記』を書いて遍路をしたのは、大正七年（一九一八）のことです。これによると、一部短距離区間で船を使っている以外は歩いています。昭和九年（一九三四）の案内書、安達忠一『同行二人四国遍路たより』では、鉄道、バスの便を載せていますが、徒歩案内のうしろに、小さな活字で載せているだけです。四国においては戦前でも、徒歩が主流だったのです。

荻原井泉水の弟子でもある種田山頭火（一八八二―一九四〇）も、この時期四国を徒歩遍路しています。井泉水が西国で徒歩を批判している同じ時期に、山頭火は歩いていることが興味深いのです。もっとも、山頭火の場合は行乞しながら歩くことに意味があったのですが、四国には西国と異なり、こういった要素が連綿と続いているのです。

西端さかえ『四国八十八札所遍路記』では、昭和三十三年の遍路で、鉄道、バスを併用しています。公共交通機関の案内も詳しく、いまでも通用する部分があります。しかし彼女自身は、便数の少なさもあってか、歩いている部分のほうが多いのです。戦後のガイドブックですら、このような状態だったのです。

当時あった国鉄鍛冶屋原線（板野―鍛冶屋原）は、四国三番から六番までの交通機関だったのですが、ＪＲ引き継ぎの前に廃止されました。昭和四十七年のことです。つまり予土線が開通する前です。四国の交通網は整備される前から廃止の憂き目にあっているのです。遍路道に並行した路線だったのですが、便数が少なく利用されなかったのでしょう。四国で現在まで連綿として徒歩遍路が続いているのは、西国と異なり交通の便が悪かったために、徒歩の遍路道が保存されていたこと、そして同様の理由で、遍路宿が残っていたことに尽きるのです。

ちなみに、四国もモータリゼーションの波で、昭和三十年代以降は、車遍路が主流となりました。鉄道時代がなく、そのまま車の時代に突入してしまった感があります。ガイドブックについても、いきなり車遍路用の道路地図を中心としたものになっています。そして車遍路が主流になるにつれ、宿泊は都市部か観光地のホテルや観光旅館に集約され、遍路宿の廃業が相次ぐのです。

観光バスによる巡拝は、昭和二十八年、伊予鉄バスによって実施されました。同社は以後五十年以上、現在に至るまで巡拝バスを運行し続けています。その後、多くの社が追随して観光バスをだし、今日の隆盛につながっているのはいうまでもありません。

四　現状と課題

昭和三十一年には四国八十八ヶ所霊場会が設立され、同三十三年に霊場会公認先達制度が発足します。先達とは、文字どおり遍路の案内役です。道程のみならず、作法、信仰面も含め後進の手本となる遍路を、霊場会が公認する制度です。四国霊場を四回以上回り、識見、人格、信仰的に優れていると認められた場合、霊場寺院から推薦してもらいます。年一回十二月に善通寺で開かれる研修会を受ければ補任されます。試験はありません。現在一万五千人以上が公認先達に補任されています。お年寄りが多いので、亡くなられたりして実数は八千人程度です。その後、経験に応じて、権中先達、中先達、権大先達、大先達と昇補するシステムになっています。

現在は、観光バスとマイカーが主流で、歩く人は一割もいません。かつての遍路宿は、多くが廃業し、残っているのは観光地と、海辺の釣り宿に変身したところだけといっていいでしょう。しかし、遍路道の多くが海岸沿いであること、これが釣り宿との併用をきたし、残ったのはレジャーブームのおかげといっていいでしょう。しかし、内陸部では、一部の中都市の商人宿、いわゆるビジネス旅館、土木工事の関係者がよく利用するため、残っているのを除いては危機的状況にあります。ここのところ、徒歩遍路の増加で、廃業を検討していた旅館が、営業継続に方針転換するなどの動きがあることは朗報といえるでしょう。

社会問題としては、職業遍路（乞食遍路）の存在があげられます。もともと病気平癒を祈ってでかけることのある巡礼。障害者や難病持ちの人たちの巡礼は、江戸時代からありました。故郷を追われて、死ぬまで回り続けるのです。そうした人たちが行き倒れた墓は、四国のいたるところにあります。また、道ならぬ恋で村八分になった人や、犯罪者も多く流れてきました。経済的理由で遍路に身を投じる人もいました。四国にはこれらの人を遇するお接待の風習がありました。だから余計全国から集まったのです。そこで、たびたび為政者による遍路狩りが行われました。明治以降、当時癩病といわれたハンセン病患者の強制収容、戦後の医療の向上と社会福祉の充実を経て、病気遍路は減ったものの、経済的理由の職業遍路は連綿として続いています。彼らは、行乞して回るだけで納経もしないから、「へんど」と蔑称されることもあります。

高度成長期を経て、僧の修行として以外の、いわゆる職業的乞食遍路は少なくなりました。ところが、バブルが崩壊して失業者が増えると、いつしかふたたび職業遍路が増加してきました。哲学的歩き遍路が増加するのと、ときを同じくしており、風貌からは判別しにくいため、実数はつかめていません。しかし寺の門前で、観光バス遍路を対象に托鉢する姿は、各札所でみられ、それを積算すると三桁にはなるだろうといわれています。このことが、霊場会をして、境内での托鉢禁止令をださずにはおられない状況にしましたし、境内での通夜を締め出す札所が増えるなど、本来の札所寺の役割からいくと、おかしな事態になっています。徒歩遍路が回りにくい状況を作りだしたのです。寺を締め出された遍路は、ＪＲの無人駅などに寝泊りするようになりますが、中には飲食の後始末をしないなどマナーの悪い人もおり、地元民とのトラブルのもとになりつつあります。そのうち「遍路お断り」と、排除されるのではないかと憂慮しています。

歩き遍路の休憩所というべき「ヘンロ小屋」というものがあります。建築家の歌一洋・元近畿大学教授が提唱しているプロジェクトで、歩き遍路が腰をおろし、足を休ませる休憩所がヘンロ小屋です。小屋は遍路道沿いに設けられています。歌教授がその土地に合わせて設計をし、地元の方々が土地を提供、寄付金を集め、労力奉仕などをして建設しています。建てっぱなしでは荒れ果てるので、維持管理をしてくれる方がおられるところにしか建てられません。すべてがボランティアの精神によっています。歌教授は徳島県出身で、お遍路さんをもてなす「お接待」に触れてきました。ヘンロ小屋もお接待の一環で、地元の方とお遍路さんの触れ合い、支え合いの場でもあります。平成十三年に第一号が徳島県海陽町にでき、平成二十八年までに五十五棟が完成しました。八十八棟プラス一棟が目標です。最後の一棟は、プロジェクトの集大成と位置づけています。

五　四国遍路の実態

四国八十八ヶ所を巡拝しているお遍路さんとはどのような人なのでしょう。もう一つの巡礼である西国三十三所と比較してみました。

筆者は、平成十六年九月―同十七年九月、四国・西国に各二千枚のアンケート用紙を配布して調査しました。四国は、回収五〇四通、回収率二五・二％。西国は、回収二八六通、回収率一四・三％。その結果は拙著『公認先達が綴った遍路と巡礼の実践学』（高野山出版社、二〇〇七）に詳しく書いていますが、概略を示します。

四国遍路の巡拝者がどこからきているのかをみると、全国的な広がりをみせています。地元四国からが二二％と五分の一以上を占めているのは当然としても、近畿からが三〇％とこれを上回り、以下、関東一四％、中部一一％、中国八％、九州五％などとなっています。明石海峡大橋の開通で、近畿から四国は日帰り圏になったのが巡拝者の多さにつながっているといえるでしょう。近畿が四国より多いのは人口規模の違いからで、人口比に応じてみれば、四国五四％、近畿一五％、中国一一％、中部五％などの修正値になります。

交通手段については、二八％が徒歩のみ。自転車一％、公共交通機関一五％、車三〇％、団体バス（マイクロバスを含む）二三％、タクシー一％、バイクほか一％。数字上は徒歩が多くでていますが、寺で休憩しているときにアンケートに協力してもらえたからで、先を急ぐ車遍路、特に団体バスは回答してもらえなかったことが多かったからです。配布時のチェックで、はっきり徒歩とわかる人は一％程度でした。

日程は、日帰り二一％、区切り打ち五一％、通し打ち二八％。

人数は、単独三八％、家族などの小グループ四〇％、団体二一％。徒歩の場合ほとんどが単独なので、一人遍路が高めにでていますが、配布時のチェックでは、団体四九％、グループ四六％、単独五％でした。

宿泊施設は、ホテル・旅館など五五％、宿坊・遍路宿三七％、野宿など八％。野宿は徒歩遍路の一二％がしています。また車でも七％ありましたが、車の中で寝るのも含まれるのでしょう。

結願に要する日数は、徒歩の場合四十―五十日、公共交通機関利用二十四―四十日、車八―十二日、団体バス十―十六日、自転車十八―二十日となっています。

交通手段と日程の相関。徒歩の場合、通し打ち五八％、区切り三九％であるのに対し、車の場合、区切り五五％、日帰り二九％、通し一六％。団体バスでは区切り六〇％、日帰り二八％、通し一二％と、通しの比率が減ります。

地域と日程の相関では。地元四国は日帰りが五一％と半数以上を占めます。通しは一四％に過ぎません。日帰りは中国の三一％、近畿は一八％を占めますが、他の地域では交通の関係でほとんどありません。一方通し打ちは、中部四四％、関東三四％、東北五七％、九州五八％。遠距離ほど通しの比率が高くなります。

何周目かについては、初めての人が五九％。二回一三％、三回九％、四回四％となっています。緑札（五―六回）は六％、赤札（七―二十四回）七％、銀札（二十五―四十九回）〇・六％、金札（五十―九十九回）〇・六％、錦札（百回以上）〇・八％ですが、銀札以上は絶対数が少ないので統計上は注意が必要でしょう。

動機については複数回答可で書いてもらいました。その結果、先祖・家族・知人などの供養が五七％と過半数の人があげています。親や配偶者、子供という近しい人の死が遍路にかきたてるということでしょうか。自分をみつめなおす旅三五％、心の癒し二九％、信仰のため一四％、病気（身体障害）の平癒一三％、健康ウォーキング一三％、他の願掛け一一％、観光九％、修行八％、知人に誘われてなんとなく四％、その他一一％となっています。交通手段別では、徒歩では四九％が自分探し、二三％が健康のため、一四％が修行。車では信仰二一％、観光一四％となっています。

服装は、白衣が七三％、普段着が二七％。お参りの仕方は、フルコースの勤行三二％、般若心経・宝号のみ五二％、お参りだけ一五％。納経の仕方（複数回答可）は、納経帳八七％、軸三八％、白衣二九％。納経なし六％。勤行は団体バスのほとんど九八％が行っているのに対し、徒歩は八七％、自家用車は七七％と下がります。お参りに関しては、団体が一番ちゃんとしているようです。

お礼参りについては、高野山八四％、一番霊山寺三五％。京都・東寺一％、打ち始めた寺（と思われる記述も含む）一％程度、八十八番大窪寺〇・八％、長野・善光寺〇・六％など。

遍路のプロフィールをみてみると、年齢は六十歳代が一番多く四〇％、以下五十歳代二〇％、七十歳代一七％、四十歳代八％、三十歳代六％、二十歳代以下六％、八十歳以上三％。職業は無職（主婦を含む）が五四％と過半数を占め、以下会社員一一％、自営・自由業一一％、公務員四％、農林水産業四％、会社・団体役員三％、学生二％。僧侶・運転手・添乗員などいわゆる職業で回っている方が二％弱。性別は、男六〇％、女三九％、不明一％。宗派別では、真言宗二七％、浄土真宗二二％、無宗教一八％、禅宗系一三％、浄土宗五％、日蓮宗三％、天台宗二％など。六十歳代の無職というと、定年退職後に遍路にでるという図式が浮かび上がってきます。また配布時のチェックでは夫婦（とみられる場合を含む）が多く、全体の二割程度ありました。家族以外の小グループでは女性同士が多く、男性は単独行動が目立ちました。

西国巡礼についての詳細は略しますが、巡礼者の住所が、近畿六六％、中部二〇％と地元が八六％を占めているのが、四国との大きな違いです。また徒歩がほとんどないのも特徴です。交通手段は、車四六％、公共交通機関利用二六％、団体バス二五％。電車などの公共交通機関利用が四国に比べて多いのは、交通網が発達していて便利だからでしょう。動機は先祖などの供養が五二％と過半数を上回っているのは四国と同じですが、観光が二〇％と、四国の二倍以上の比率となっているのが特徴的です。

四国については徒歩遍路が本来の姿でしょうが、それは遍路のごく一部にすぎません。圧倒的多数は車です。それも自家用車での夫婦あるいは家族での巡拝と、団体バスに二分されます。そして、それぞれ回り方に関しては大きく違っています。先達の実感として感じていたものは、調査によって裏付けることができました。また、現在多数回の巡拝をするには車によるしかなく、徒歩はきわめて少数派であることも浮き彫りにできました。多忙な現在において、ほとんどの巡拝者は、日帰りあるいは休日を利用しての一泊二日です。中長期の泊りがけは、定年退職者か自営業にあっては隠居後にしかできません。またはリストラなどで失業した人です。若年齢化があるといわれますが、数としては少ないことなども、アンケートの数字を分析すれば、実際先達をしているときの実感と、ほぼ同じであることがわかりました。

巡拝者については、四国八十八ヶ所は全国から集まりますが、西国三十三所は地元近畿からがほとんどであることもわかりました。そして全国区である四国でも、実数では近畿からが一番多く、近畿の人が巡礼に熱心であることがわかりました。

四国遍路については、大きく分けて三種類の回り方があります。同じ遍路といいながら、似て非なるものといってもいいでしょう。一つ目は徒歩によるもので、一人で通し、あるいは区切りで歩くというものです。これは全国区です。二つ目は車で日帰りで回るというもので、家族それも夫婦二人が多いようです。地元四国の人が多いのですが、橋の開通で交通事情がよくなったので、近畿、中国からも増えてきました。三つ目は団体バスで、近畿、中国、中部からの中距離圏からが多いようです。寺では白衣を着て、きちんと勤行を行います。何回かの区切りで、一年で結願するコースを組んでいる場合が多いこともわかりました。動機については信仰主体であったものが、先祖などの供養が増え、さらに自分探し、心の癒しといった「平成の哲学遍路」ともいうべきジャンルが台頭してきたことが分かりました。信仰心が薄れた中で、肉親の死をきっかけに巡礼に目覚めるケースが多いこと、また「哲学遍路」やウオーキングによる健康志向といった、あらたな形態がでてきていることなどが浮き彫りにされました。

Ⅳ　弘法大師と真言密教

一　弘法大師伝

弘法大師空海は宝亀五年（七七四）六月十五日、讃岐国屏風浦《さぬきのくにびょうぶがうら》（香川県善通寺市）で生まれました。幼名を真魚《まお》といいます。父は讃岐の郡司（地方役人）をしていた佐伯善通、母は玉依御前《たまよりごぜん》です。

十五歳で都（長岡京）に上り、母方の叔父である阿刀大足《あとのおおたり》のもとで勉強、十八歳で大学に入ります。しかし官僚になるための勉強に飽き足らず、徐々に仏教に傾斜していきます。そして大学を中退、十九歳で山岳抖藪《とそう》に身を投じます。今でいう修験でしょうか。四国や近畿地方の山々を駆け巡ったとされています。

21番太龍寺奥の舎心嶽に残る弘法大師修行の地

空海の著書『三教指帰《さんごうしいき》』（延暦十六年＝七九七＝の『聾瞽指帰《ろうこしいき》』をのちに書き改めたとされる）には、四国阿波の太龍嶽、二十一番太龍寺の奥にある舎心嶽です。土佐の室戸岬、二十四番最御崎寺《ほつみさきじ》の麓にある御蔵洞《みくろど》です。伊予の石鎚山（いまは石鎚山頂には石鎚神社が祀られていますが、江戸時代までは現在麓にある六十四番前神寺が山上にありました）で修行したと書かれています。また、金巌（奈良の吉野山。一説には金山出石寺＝愛媛県大洲市）でも修行したとも書かれています。一人の沙門（修行僧）に出会い、虚空蔵求聞持法を伝授されます。そして太龍嶽や室戸岬で実践、室戸岬で明星（金星）が口の中へ飛び込んできて、法を成就したといいます。

二十歳ごろ出家得度します。和泉国・槇尾寺（西国四番）で、勤操《ごんそう》を師としたという説がありますが、はっきりしたことはわかりません。当時正式の僧は国家公務員です。正式の得度は三十一歳で東大寺戒壇院で受けましたが、それまでは私度僧でした。教海、如空などと名乗り、やがて空海になります。

青龍寺の本堂

奈良・橿原の久米寺で密教の経典である『大日経』に出会います。でも梵語、インドのサンスクリット語で書かれた部分が分かりません。そこで唐（中国）で勉強したいと思うようになったのです。

延暦二十三年（八〇四）、遣唐使船で中国に渡ります。二十年の予定の私費留学生でした。この時の遣唐使船は四隻。うち二隻は台風に遭遇し途中で沈没、空海の乗った第一船と、天台宗の開祖となる最澄が乗った第二船のみが中国にたどり着いたのです。

長安（現在の陝西省西安）の青龍寺で、恵果和尚《けいかかしょう》（阿闍梨《あじゃり》）について密教を学びました。師である恵果は空海に灌頂を授けてほどなく死に至るのですが、死に際に「日本へ帰って密教を広めなさい」といわれたことから、二十年の予定の留学をわずか二年で切り上げて帰国します。

帰国にあたって、明州（現在の浙江省寧波）の浜から「密教を広めるのにふさわしいところに留まれ」と、密教の法具を日本に向かって投げます。三鈷杵《さんこしょ》が高野山に、独鈷杵が四国三十六番青龍寺に、五鈷杵が京都の東寺に掛かったと伝えられています。

約束を違えて早く帰国したので、京都に入ることを許されず、九州の太宰府に留まります。平城天皇の大同二年（八〇七）、大和・久米寺で『大日経』を講讃をし、真言宗を立教開宗したとされています。嵯峨天皇に変わり、大同四年京都の高尾山寺（神護寺）に入寺が認められます。

弘仁六年（八一五）に四国八十八ヶ所、翌七年に高野山を開創しました。高野山開創にあたっては、こんな伝説があります。日本に帰った大師は、明州から投げた三鈷杵がある場所を探しました。そして大和国宇智郡、今の奈良県五條市あたりで猟師と出会い、三鈷杵の掛っている場所があることを教えてもらい、白黒二匹の犬に導かれて高野山へ登ったと伝えられています。いまも高野山の壇上伽藍には三鈷の松があります。このときの三鈷杵は飛行《ひぎょう》三鈷として現存しており、高野山の霊宝館に保管されています。

弘仁十四年には嵯峨天皇から京都の東寺（教王護国寺）を賜ります。以来、東寺は都の布教の拠点、高野山は修行の道場として、行ったりきたりされました。

この間、弘仁十二年に讃岐の満濃池築造、天長五年（八二八）には綜芸種智院《しゅげいしゅちいん》創設など、土木、教育の分野でも活躍。また、嵯峨天皇・橘逸勢《はやなり》とともに三筆のひとりに数えられるなど書、つまり芸術にも優れスーパーマンぶりを発揮しました。

晩年は高野山に籠ることが多くなり、承和二年（八三五）三月二十一日、高野山で入定《にゅうじょう》しました。入定とは医学的にはともかく、信仰上は、いまも生きて禅定に入られている。そして私たちを助けてくださっているという信仰です。

延喜二十二年（九二一）、東寺座主・観賢《かんげん》僧正の上奏により、醍醐天皇から「弘法大師」の諡号を賜ります。入定後八十七年目のことです。ですから弘法大師という名前は、現役時代の空海は知らなかったのです。また「遍照金剛」という名前もあります。「南無大師遍照金剛」の遍照金剛です。これは入唐時に恵果和尚からいただいた戒名です。空海は知っていましたが、ありがたすぎる名前ということで、あまり使わずもっぱら空海でとおしていたようです。

二　真言宗の教え

真言宗は平安時代に弘法大師空海が開いた日本仏教の宗派の一つです。

その教えの根本は「即身成仏」ということです。この身このまま今生において成仏できるという教えです。浄土系の宗派では、死後阿弥陀仏の力で成仏できると説かれていますが、真言宗ではこの身このまま生きているうちに即身成仏できる、というありがたい教えなのです。成仏とは仏さまと一体となることです。「入我我入」といって仏さまがこの体の中に入ってこられます。そのために修行をするのです。僧侶になるためには、百日間の四度加行をはじめ、かずかずのきびしい修行がありますが、在家の方々にはそれは無理でしょう。でもそこに近づくための修行をすることができるのです。四国遍路もその方法の一つなのです。

仏さまと一体になるための修行。弘法大師の著作『即身成仏義』に「六大無碍《ろくだいむげ》にして常に瑜伽《ゆが》なり、四種曼荼《まんだ》各々離れず、三密加持すれば速疾に顕わる、重々帝網《たいもう》なるを即身と名づく」とあります。三密とは身《しん》、口《く》、意《い》のことで、手に印を結び、口で真言を唱え、心を清らかにして仏さまの境地に至れば、成仏できるのです。そして大日如来の仏国土である「密厳国土」に至るのです。

三密行とはむずかしいように聞こえますが、日々の生活の中でそれを実践する方法があります。「身」つまり身体を使って人さまのためになることをする。たとえば困っている人がいれば助けてあげる、電車で足元のおぼつかないお年寄りが乗ってきたら、席をゆずってあげる。こうした小さなことの積み重ねでいいのです。口では真言を唱えます。むずかしいお経を唱えてもいいのですが、一番簡単なのは「南無大師遍照金剛」とお唱えすることです。心では仏さまに近づくということを思い続け、清らかな気持ちを持ち続けることです。

人間ですから、たまには間違ったことをしてしまうこともあります。そのときは仏さまの前で懺悔《さんげ》してください。「ざんげ」という宗派もありますが、仏教では「さんげ」といいます。「私はこんな悪いことをしてしまいました。もう決してしませんので許してください」と懺悔すれば、おそらく許してくださいます。

こういう生活を毎日続けていけば、だんだん人間ができてきます。まわりの人から「あなた、近ごろ丸くなったね」といわれればしめたものです。こうして仏さまに近づいていくのです。これが誰でもできる修行なのです。さらに続けると、ある日突然仏さまが自分の身体の中にドーンと入ってこられます。仏さまと一体となれた瞬間。これが「入我我入」つまり「即身成仏」です。

六大とは、宇宙全体を構成する要素、世界観です。地・水・火・風《ふう》・空《くう》・識のことです。仏さまと一体となるということは、とりもなおさず宇宙と一体となることでもあるのです。

曼荼羅《まんだら》とは仏さまの世界を絵などで表したものです。真言宗では両部曼荼羅といい、金剛界と胎蔵界《たいぞうかい》の二種類の曼荼羅が一対になっています。金剛界は仏さまの智慧、胎蔵界は仏さまの慈悲を表しているとされています。四種曼荼羅は、大曼荼羅、三昧耶《さんまや》曼荼羅、法曼荼羅、羯磨《かつま》曼荼羅をさし、大曼荼羅は多くの仏さまの姿を描いた曼荼羅。三昧耶曼荼羅は仏さまを象徴する印や法具で表した曼荼羅。法曼荼羅は仏さまの名前を字で表した曼荼羅、多くは梵字の種子《しゅじ》で描かれます。羯磨曼荼羅は立体的に表した曼荼羅です。曼荼羅には多くの仏さまが描かれていますが、中心となるのは大日如来です。

真言宗の所依の経典に両部大経と言われる『大日経』『金剛頂経』があります。『大日経』には即身成仏に至る過程を「菩提心を因となし、大悲を根となし、方便を究竟《くきょう》となす」という三句の法門が説かれています。菩提心とは、悟りの智慧を得ようとする心のことで、仏に近づこうという心です。この菩提心をおこすことを発菩提心《ほつぼだいしん》、略して発心《ほっしん》といいます。そして仏さまの慈悲心に守られて目的に近づく。究極の目的として方便があげられます。方便とは「利他の方便」、つまり人のために尽くすということです。これが仏さまに至るための道、つまり菩薩行なのです。菩薩とは仏になる手前の修行中の人をさします。法要などでよく使われる『理趣経』には、大欲を持って衆生《しゅじょう》の利益を願うことが書かれており、欲望を肯定しているから誤解を招くとして、ある程度修行した人にしか伝授しない、ということがおこなわれてきました。

弘法大師が真言宗を開くまで、インド、中国、日本へと密教は伝わってきました。密教の教えを伝えてきた祖師を伝持《でんじ》の八祖といいます。インドの龍猛《りゅうみょう》菩薩、龍智《りゅうち》菩薩が『金剛頂経』を伝え、金剛智《こんごうち》三蔵、不空《ふくう》三蔵が中国にもたらします。また胎蔵界の『大日経』の系統は善無畏《ぜんむい》三蔵が中国に伝え、一行《いちぎょう》和尚が授かります。この両部の大経、つまり金剛界と胎蔵界の教えを一身に受け継いだのが恵果《けいか》和尚です。弘法大師はこれらを恵果和尚から授かったのです。また、付法の八祖というものもあります。大日如来から始まり、金剛薩埵、龍猛菩薩、龍智菩薩、金剛智三蔵、不空三蔵、恵果和尚、弘法大師という系譜です。これは大日如来の説法を受け継いだ法流を表しています。

むずかしいことはさておいて、在家信者ができることといえば、お大師さまにおすがりして助けていただくことです。自力の修行がむずかしいのなら、お大師さまに助けていただく、他力の教えですね。「南無大師遍照金剛」と唱えて一心にお祈りすれば、かならず助けてくださいます。おそらく鎌倉時代ごろにこうした信仰がでてきます。

これを入定《にゅうじょう》信仰といいます。高野山の奥の院で禅定に入ったお大師さまに助けていただく。この根拠とされているのが、天長九年（八三二）八月二十二日、高野山において最初の萬燈萬華《まんとうまんげ》会《え》が修されました。弘法大師はその時の願文に「虚空盡き、衆生盡き、涅槃盡きなば、我が願いも盡きなん」書いています。宇宙が亡くならない限り、人間がいなくならない限り、悟りがなくならない限り、私の願い、つまり人助けは終わらないのだといっているのです。つまり永遠に人を助けるという誓いを立てたのです。

お大師さまはいまも高野山奥の院におられます。奥の院のトップである維那《ゆいな》と当番の職員が毎日午前六時と十時半の二回、朝昼の食事を給仕しています。夜は非食《ひじき》といって食べられません。食事はもちろん精進料理ですが、わりと今風の物も召し上がっておられます。カレーとかパスタ、サラダもあるようです。

入定信仰は弘法大師の遺言ともいえる『御遺告《ごゆいごう》』に、兜卒天《とそつ》に往生して弥勒菩薩のもとに仕え、五十六億七千万年後に弥勒菩薩とともに下生《げしょう》すると書かれています。ここから弘法大師と弥勒菩薩を一体化する信仰が生まれたのです。高野山奥の院の納経帳に、弘法大師の種子《しゅじ》として弥勒菩薩の種子である梵字のを書くのも、こうしたことからです。

現存する資料で弘法大師の入定に関する初出のものは、入定後百年以上を経た康保五年（九六八）に仁海《にんがい》が著した『金剛峰寺建立修行縁起』で、入定した弘法大師は四十九日を過ぎても容色に変化がなく、髪や髭が伸び続けていたといわれています。『今昔物語』には、高野山が東寺との争いで一時荒廃していた時期、東寺長者であった観賢《かんげん》僧正が霊廟を開いたという記述があります。これによると、霊廟の弘法大師は石室と厨子で二重に守られ、坐っていたといいます。観賢僧正は、一尺（三十三センチ）あまり伸びていた弘法大師の髪や髭を剃り、衣服や数珠の綻びを繕い整えたのち、ふたたび封印したとされています。それ以後御廟に入った人はいないので、いまはどうなっているかはわかりません。

このとき観賢僧正に同行した淳祐（八九〇―九五三）には、どうしてもお大師さまの姿がみえなかった。そこで観賢僧正が手引きして弘法大師の膝に触れさせ、その香りが手に移り一生消えなかったという伝承もあるのです。石山寺には「薫の聖教」という、淳祐が書写して香りの残るお経が残っています。

もう一つ忘れてはならないのが「同行二人《どうぎょうににん》」の信仰です。四国を一人で遍路していても、常にお大師さまと二人連れ。いつも私たちに付き添ってくれているのです。ご詠歌に「あなうれし、行くも帰るもとどまるも、我は大師と二人連れなり」と詠われています。高野山の大門に掛かる聯《れん》の言葉、「不闕日日大影向　検知處處之遺跡」（日々の影向を欠かさず、処々の遺跡を検知す）にもみることができます。お大師さま自身の言葉とされるが、鎌倉時代に興教大師覚鑁《かくばん》上人が広めたといわれます。お大師さまは、いつでも高野山奥の院の御廟の裏にある小さな穴からでてきて、私たちのそばにきてくれるのです。四国遍路をしていてお大師さまに出会ったという話をよく聞きますが、体験した人でないとわからないことが多くあるようです。

V

私と遍歴

一　スタンプラリー

筆者は現在高野山で僧侶をしています。しかし、もともと在家出身で寺の子ではありません。親も信心深いほうではなく、むしろ無宗教に近い親でした。私は観光で寺巡りをするのが好きでしたが、まさか僧侶になるとは考えたこともありませんでした。そんな私を僧侶の道へと導いてくれたのが弘法大師。きっかけは四国遍路でした。というか最初は西国三十三所巡礼でした。

そもそも巡礼を始めたのは平成三年四月、私が大阪読売新聞労働組合の執行委員をしていたときの、春闘総括の慰安旅行がきっかけです。行き先は和歌山県の南紀勝浦。那智の滝、つまり西国一番青岸渡寺《せいがんとじ》にまったく観光で参拝し、そこで初めて西国巡礼の納経帳と接したのです。巡拝案内をみると、大阪周辺の日帰りで行けるところばかり。一番遠い一番さえ打っておきさえすれば、簡単に回れるかとスタンプラリーを思い立ったのです、そんないい加減な気持ちでした。当時もいまも多くの西国回りの巡礼は似たりよったりではないでしょうか。

きちんとお経を唱えるわけではなく、単に巡って納経印をもらう、スタンプラリーの世界。古寺巡礼の観光旅行でした。マイカーや公共交通機関で。休みのたびにお寺へ行きました。わずか三か月ほどで満願しました。巡り終えて次にどこか回るところはないかなと探していたところ、四国八十八ヶ所の存在を知ったのです。

四国も自分の運転する車で巡りました。当時はまだ明石大橋が架かっておらず、四国を遠く感じていました。瀬戸大橋経由で、お大師さまの誕生所である善通寺から打ち始めました。

その合間に、新西国三十三所、近畿三十六不動、西国四十八薬師霊場など、近場の日帰りで行ける霊場を巡拝しました。実家の宗旨は西山浄土宗だったので、浄土宗の祖師・法然上人二十五霊場、さらに西山派の開祖である西山国師遺跡霊場巡りもしました。

そうこうするうち「西国は三回巡ってほんまもん」という話を聞いたのです。現在、過去、未来の三種の業《ごう》を消滅するというのです。初めての重ね打ちが始まりました。そして、西国三周目には坂東、秩父を含めた百観音巡りをしたのです。会社の夏休みを利用しての区切りでの二年がかり。関東の二観音札所への巡拝が、その後の全国写し霊場巡りにつながっていきました。もともと旅行好きだったこともあり、もうこの時点で霊場巡りのフリークといえる状態に達していたのです。

これが変わるのが人を先達して回ることです。そのころ経済部にいて、異業種交流のイベントを取材しました。そこで知り合った、大阪・道具屋筋の老舗の跡取りという会社役員Hさん、また異業種交流を主宰したイベント仕掛け人Kさん。これらの人を西国、四国に案内したのが、西国四周目、四国二周目の巡礼だったのです。このころには、人に教えられるぐらいに一応の勤行はできるようになっていました。先達のまねごとをしながら人を案内して回ったのです。観光ガイドというか単なる道案内にしかすぎませんでした。

同時に自分個人としては各地の霊場を発掘をしていました。次に述べる京洛六阿弥陀巡拝もその一つです。これは京都市内の阿弥陀如来を本尊とする六か寺の、毎月の縁日（月によって異なる）の巡拝を、三年三か月続けて満願というものです。単に回るだけでなく、三十九回同じコースを重ねてやっと満願という、少し変わった形態です。

まとまった休みが取れれば、小豆島八十八ヶ所を皮切りに、霊場の遠征をはじめ、中国三十三所、九州の篠栗八十八か所、東北の最上三十三所と出羽三山など全国を飛び回っていました。日帰りの近場では尼寺三十六か所、西国愛染霊場など、比較的歴史の新しい霊場、さらには、聖徳太子御遺跡、河内飛鳥霊場などの、歴史はあるけれどマイナーな霊場も発掘しながら回りました。関西花の寺、京の通称寺、仏塔古寺などという、観光巡礼もしました。まさに趣味のスタンプラリーです。夜勤職場である編成部に異動になったのが幸いしました。原則四勤一休のダイヤで、夕方出勤し朝刊を作って、泊まり明けの翌朝、夕刊勤務がなければ午前中に帰れます。休日を挟んで翌々日は夕方出勤ですから、丸二日間自由に使えたのです。

二　阪神・淡路大震災

運命の日、平成七年一月十七日、阪神・淡路大震災。神戸の自宅は全壊し、たまたま大阪にいた私は命だけは助かりました。そのころ修していた京洛六阿弥陀巡拝に前日行ったあと、母に頼まれていた買物をして寝屋川の実家に届け、そのまま実家に泊まっていたからです。震災当日は休みでもあるにもかかわらず、神戸の家の状態を確かめたくて帰ろうとしても、道路が不通で帰れません。新聞社に行けば情報はあるだろうと、会社に行ったが最後、数日を会社泊まりで仕事に専念することになりました。新聞社は非常時には忙しい、自分のことより新聞発行が最優先です。

　そうこうするうち、電気が復旧するというデマが流れました。自宅にはコンセントを入れっぱなしの電化製品がいっぱい。その時点で、自分の家がどうなっているかは知るよしもなく、火事の原因になってはと、消しに行くべく会社の車に社旗を立て、半日がかりで家の前に着いたのです。そこで初めて自宅が全壊しているのを目の当たりにしました。実際町内で五十人以上の死者をだしている被災地区です。近所の人から「あんた、なんぼ探してもおらんかったから行方不明者になっているよ」と聞かされ、区役所へ行って行方不明者を一人減らす手続きをするのが精一杯でした。家のあった敷地に、生きていることを知らせる立て札を立て、また大阪へ戻って、仕事に専念する毎日を過ごしました。形のあるものはすべてなくなる、仏教でいう諸行無常の教えを実感する日々でした。

　そして、大阪の会社と家のあった神戸への往復で知ったのが、車は何時間かかるかわからない。自分の足で歩くと、びっくりするほど時間はかかるけれど、きっちり時間が計れるということです。震災でやむを得ず歩いたのが、それまでほとんど運動らしいことをしていなかった私を、歩き遍路に抵抗なく入らせる一因となったのだと思います。

三か月後、やっと休みをもらい、自宅の瓦礫の整理。そこでみたものは、四国、西国ほかの納経帳が、家の下敷きになって、あたかも私の身代わりになるかのように、ぼろぼろに破損していたのです。一瞬、雷に打たれたような衝撃が身体の中を駆け抜けました。「お大師さまが助けてくださったんだ！」。お大師さまか、観音さまか、阿弥陀さまか、どのご利益かは分かりませんが、というかご利益の相乗であったと思います。でもなぜか、お大師さまがと思えたのです。私の人生の転機になった瞬間でした。火事にならなかったので、焼けずに残っていたのが幸いでした。家の壊れ具合からいって、もし震災時に家にいたらおそらく死んでいただろうことは想像に難くありません。なぜ、そこにいなかったのか、奇跡的に助けていただいたとの思いは募るばかりでした。

そこでお礼参り、これが四国の三周目となりました。納経帳は京都の経本メーカーに修理にだしました。あらたに購入するよりも高い修理代でしたが、そういう事情があるのだから、やむをえません。修復を待って遍路にでました。この間も六阿弥陀の巡拝は続け満願しました。なぜ、お礼参りが四国か、自分でもよくわかりませんが、やはり、それまで回っていて、西国などと比べ、真剣に何かを求めているという気迫が感じられていたせいもあるのでしょう。ちゃんと白衣を着て般若心経をはじめとする勤行をする、形が気に入ったのかもしれません。観光気分の西国とはどこか違っているように感じられたのです。もちろん西国もその後お礼参りにでました。

四国を回りながら、番外札所の存在を知り、別格二十霊場、新四国曼陀羅霊場も併せて回りました。さらに奥の院、それ以外の番外も発掘しながら回るきっかけとなりました。書籍をあさり、記述をみかけたら、その霊跡を訪ね歩くといった発掘の旅でもあったのです。四国に現存する弘法大師遺跡を総まくりする意気込みでした。が、基本は震災の被災から命を助けていただいた、そのお礼参りです。いきおい勤行も真剣であったのでしょう。五十七番栄福寺の納経時に先代住職から「四周回ったら先達になれる」という話を聞きました。これが四周目の遍路のきっかけとなりました。震災での奇跡がなかったら、重ね打ちはしていなかったかもしれません。百周以上も回ることになったきっかけは、震災での身代わりの奇跡があったからこそといっても、言い過ぎではないでしょう。

三　お大師さまに導かれ

四国の先達申請は四十番観自在寺から推薦していただくことになりました。そのころ、NHKが遍路の特集番組を放送、歩き遍路がブームになりかけていました。徒歩遍路を横目にして、せっかく先達になるのに、一度も歩いていないのでは、値打ちがないのではないか、と自問自答。それまで、車を転がしていろんな霊場巡りをしていたのを、歩いてみようと方針転換しました。また、探した番外札所のうちいくつかは、歩いてでないと行けない場所にありました。どうせ番外探しのために歩くのなら、いっそのこと本四国も歩いて踏破しようというのもありました。そして平成十一年四月から十二年八月にかけて、区切りで四十五日間の歩きを体験、これが五周目の遍路になりました。

歩きをすることで、車ではみえなかったいろんなものがみえてきました。かけ連れや寺で出会った人、いろんな人とのつながりができました。思いがけないお接待もいただきました。道端のお堂にも遍路を支えてきた歴史があります。遍路宿では、いろんなお遍路さんの話が聞けました。四国遍路の初めてが歩きの人の体験記を読むと、道に迷った話がよくでてきますが、車で何度も回っているせいか、大きく道に迷うこともありませんでした。札所のだいたいの方角は分かっていますし、いざとなれば車道にでればいいという安心感もありました。そういう意味では楽をしたのかもしれませんが、ほとんど本来の遍路道を検証しながら歩けたと自負しています。

そして、同じ道を改めて車で回りますと、車だけだったときに比べて違った見え方がするのです。遍路百周を超えたいま、その中でいただいたいろいろなご縁を生かしつつ、お返しする時期にあるのだということを、強く実感しています。それが先達の務めだと。なお、四国八十八ヶ所霊場会公認先達には平成十一年十二月に補任され、その後、四回の昇補を経て平成二十一年に大先達になりました。

読売新聞大阪発刊五十周年記念行事の一環として、平成十二年に開かれたお遍路シンポジウムをきっかけに、多くの方々とつながりができました。講師の佐藤孝子先生、障害を抱えながら何十回も遍路を続ける「笑顔の大師たまちゃん」、三歳から遍路を始めた「よっくん」をはじめ、インターネットによる掲示板を開設していた「ミッチー先生」と、その掲示板を利用していた、いわゆる「ミッチーファミリー」といわれる人たちとの同行遍路を始めたのもこのころからです。四国から帰ってしばらくすると、また四国に行きたくなる、いわゆる「お四国病」にかかってしまいました。

あるとき遍路仲間の敷島鐵雄さんから、「高野山大学大学院に社会人コースができるので受けてみませんか」と誘われました。普通修士課程は週五日、二年間で終えますが、週一日だけ通って最長八年で終了するというコースです。まだ新聞社に勤務していたので「とても無理」と断りましたが、なんと敷島さんは願書を送りつけてきたのです。自分は行くことを決めていて、一緒に通う仲間が欲しかったようです。結局受験することとなり、無事合格。平成十五年四月から通学し始めました。新聞社は土日が休みではなく年中無休です。上司の理解を得て、毎週同じ曜日に大学院に通学できるよう、勤務ダイヤを組んでもらいました。神戸の自宅から往復六時間の通学が始まりました。こうして高野山への道が始まったのです。今から考えれば、敷島さんがお大師さまだったのかもしれません。

弘法大師の教えも密教の基本もよくわからないまま、いきなり大学院の高度な講義。ついていくだけでも大変でした。でも、そのうちわかってくると、講義が楽しくてたまらない。週一回の高野山行きが待ち遠しいぐらいになりました。ところが大学院の講義科目の中には、四度加行《けぎょう》という僧侶になるための百日間の修行を終えていないと履修できない科目がありました。より深く学びたい、という思いが募っていきました。

通学二年目で上司が代わり、通学への理解が得られなくなりました。会社を取るか大学を取るか、悩んだ末に大学を取ることにしたのです。「年収一千万円を捨てるのは馬鹿だ」といわれましたが、僧侶への道を歩むことに決めたのです。高野山に転居して無量光院で出家得度、平成十七年のことでした。大学入学前にたまたま泊まった宿坊が無量光院で、それ以外のお寺を知りませんでした。住職の土生川《はぶかわ》正道《しょうどう》師《し》に師僧になっていただきました。のちになって、宗務総長まで務めた大変な高僧と知ったのですが、これもご縁があったのだと思います。受戒、四度加行、伝法灌頂も無事終え、平成十九年、大僧都の僧階を得ました。

大学院では博士課程まで進み、平成二十五年、博士（密教学）の学位を得ました。現在、高野山大学密教文化研究所の委託研究員をしています。修士論文を平成十九年『公認先達が綴った遍路と巡礼の実践学』（高野山出版社）として出版。博士論文は平成二十六年、『江戸初期の四国遍路　澄禅『四国辺路日記』の道再現』（法蔵館）として刊行しました。高野山金剛流御詠歌、宗教舞踊、華道高野山の資格も取りました。平成二十六年には、高野山大学密教文化研究所内に「巡礼遍路研究会」を事務局長として立ち上げました。

研究のかたわら、西国三十三所、四国別格二十霊場、四国三十六不動霊場、新四国曼荼羅霊場の公認先達の資格も得ました。西国徒歩巡礼もしました。全国各地の霊場巡りは五十か所以上に

高野山金剛峯寺で法話をする筆者

なりました。修士論文作成のためのアンケートを取らせていただいたのがご縁で、関西先達会の役員を十年間努めさせていただきました。このご縁で多くの札所ご住職や先達と知り合うことができました。さらに奈良県の社会教育財団が主催した遍路講座の講師を務めたご縁で、四国に徒歩遍路のための休憩所「ヘンロ小屋」を建設する運動を推進している、歌一洋・元近畿大学教授の「四国八十八ヶ所ヘンロ小屋プロジェクト」を支援する会の役員を、平成十八年から続けています。さらにそこから広がった、多くの遍路関係のプロジェクトをしている方々とのご縁もできました。

お大師さまのご縁で次々と仕事をさせていただけるのは、非常にありがたいことだと思っています。平成二十五年からは、園田学園女子大学の公開講座講師として、「四国遍路と巡礼」の講座を担当しています。四国遍路では、旅行会社の巡礼ツアーバスに先達として添乗したり、自らの主催でお遍路さんを案内したりしています。平成二十六年には、四国八十八ヶ所開創千二百年で先達表彰していただきました。平成二十七年の高野山開創千二百年では、本山布教師心得として本山で法話をするかたわら、金剛峯寺境内案内人として高野山のガイドに大忙しでした。百年に一度しかないまたとない機会に、ご奉仕させていただけたのは、法縁と感謝しています。出家が五十歳を超えてからの遅まきながら、高野山でもそれなりに居場所をみつけ、ご奉仕させていただけているのはありがたいことです。

四　性同一性障害

性同一性障害とは、身体と心の性が一致しないこと。半世紀以上、私を苦しませてきたものです。私は昭和二十九年、大阪市内で生まれました。三人兄弟の長男でしたが、物心ついたころからずっと自身の性別には違和感がありました。小学校のときに一度、母親の服を着て外を歩いたら、近所の人に通報され、ものすごく怒られたことを覚えています。でも自分では不思議でした。「なんでスカートをはいたらあかんの?」と思っていました。

思春期になると、苦しみは増しました。中学校に入ると、男女で制服が違い、男子は坊主頭と決められていました。体育の時間も男女種目が違います。社会が当たり前だと強いることが、私には違和感がついて回ったのです。自分は男の中に無理やり入れられていると感じていました。まさに地獄でした。

でも、その本音は当時、親にも友人にも打ち明けられるものではありませんでした。性同一性障害という概念すらありませんでした。週刊誌でカルーセル麻紀さんがモロッコで性転換したという記事を読んで、「そんなことができるんだ。私も早くそうなりたい」と憧れました。早く親元を離れたいと願い、東京の大学に進学しました。早稲田大学です。

大都会の学生生活は、押し隠してきた自分をいっとき解放できる時代でした。髪を腰のあたりまで伸ばし、男か女かわからないような格好で大学に通いました。家では完全に女装し、そのままの格好で買い物に行きました。同じように悩んでいる人がいることも分かり、少し安らぎました。女装クラブに出入りし、ゲイバーでアルバイトしたこともありました。

昭和五十四年、読売新聞大阪本社に入社しました。当時はそれこそ二十四時間、三六五日、仕事人間みたいなものでした。ただ、性同一性障害を抱えた身にとって、スーツ姿でネクタイを締めて仕事するということが非常に苦痛でした。地方の支局時代は、まだラフな格好が許されたのですが、大阪本社経済部では地獄の日々でした。取材相手は財界のお歴々。男を演じなければなりません。でも新聞社は進んでいるようにみえて実は旧態依然の男社会。バレたら絶対にクビになると思って職場でも隠し通していました。その後、編成部に異動、内勤なので服装は自由でした。ようやくスーツ姿からは解放され、マニッシュな格好で通勤、会社をでると薄化粧をして夜の街に繰りだしました。休みの日は女装してでかける二重生活を送っていました。たまにゲイバーなどにでかけるぐらいで、自分を解放できる居場所はまだみつかりませんでした。世間には「おかま」などとさげすむ偏見がまだまだ残っていました。いまは亡き妹を通じて両親にカミングアウトしたのもこの時期です。

平成七年の阪神・淡路大震災で神戸の自宅が全壊して、人生の転機を迎えたのは前述したとおりですが、そのうち四国遍路が安らぎの場となっていったのです。

お遍路をしているときは男も女もありません。単に白装束をまとった「お遍路さん」。安らぎを感じました。遍路宿で一緒になっても、また翌朝は次の札所へと歩いていく。過去を振り返らず、とどまるところがない。それは心地のいいものでした。当時の私の髪型はボブくらいでしたが、「お姉ちゃん学生?」なんて、お年寄りのお遍路さんに声をかけられることもありました。化粧は日焼け止め乳液にリップクリームぐらいでしたが、女にみられたことがうれしくてたまりませんでした。そして五十歳を超えていても、高野山大学に通う本物の学生でした。あの白装束に区別はありません。誰もが「お遍路」というひとくくりだったのです。回っても、回っても、「またおいで」とお大師さまが呼んでおられる気がしました。遍路仲間もでき、四国遍路にますます惹かれていったのです。それが百周を超える遍路につながっていったのだと思います。

平成十年、日本初の合法的な性別適合手術が埼玉医大で行われました。それまでは非合法か海外でするしかなかったのが、合法的に国内でできるようになったのです。平成十六年には、性同一性障害者の性別の取扱いの特例に関する法律が施行され、戸籍上の性別を変更することができるようになりました。社会的環境が整ってきたのです。法施行後の十年間で性別変更(更正)が認められたのは約四三五〇人。だが現在、この障害をもつ人は、国内に約四万六千人いると推定されています。私は会社では相変わらず隠していましたが、徐々に女性的にしていきました。職場の同僚で気づいていた人がいたかもしれません。一部上司からの嫌がらせもあり、職場はいづらくなってきていました。カミングアウトするかどうか悩んでいた時期でもあります。

決断したのが、永年の性別への悩みに対しての自分なりの結論でした。性別適合手術を受け、心身ともに女性として生きようと決めたのです。平成十六年、会社を辞め高野山での生活を始めると同時に、岡山大学医学部病院に通院を始めました。当時、性別適合手術をしていたのは、埼玉医大と岡山大だけでした。カウンセリングを重ね、一年後に女性ホルモンの投薬治療が始まりました。大学にカミングアウト、女性としてトイレが使えるようになりました。戸籍名を僧名に変えました。もっと女性らしい名前にすることもできたのでしょうが、時間がかかります。「男」のついた名前が厭で一刻も早く変えたかった。それには僧名ならすぐ許可がおりたからです。

そして平成二十二年七月、岡山大学病院で性別適合手術を受けました。手術に対して周囲からはいろいろいわれました。母親には「親不孝者」といわれ、師僧には「もったいない」といわれました。高野山は男社会。女性僧侶になったら出世の道が途絶えてしまうということでした。また他の方からは、「なんでいまの歳になって?」と不思議がられました。いまさら高いお金を払ってする必要があるのかと。でも、私はいまだからこそだと思ったのです。会社も辞めて僧侶になり、ようやく偽りの自分でいる必要がなくなった。それに体を変えないと、戸籍も変えられないのです。戸籍が変わらないと、私は男性として最期まで扱われ死んでいく。それは絶対にいやだったのです。

手術後、ようやく戸籍の性別を変えることができました。次は僧籍簿の性別変更です。男性僧侶として登録されていました。高野山真言宗ではむろん、初めてのことです。当時の宗務総長は庄野光昭師。四国十九番の住職で四国霊場会会長もなさったことから、当時関西先達会の役員をしていた関係で懇意となり、拙著『公認先達が綴った遍路と巡礼の実践学』の推薦文を書いていただいた恩人です。庄野師は「宗会にかけると、頭の固い連中がうるさくて通らなくなる。事務手続きで済ませましょう」といってくださいました。本当に事務手続きだけで済みました。住所変更と同様の変更願をだすだけでよかったのです。晴れて女性僧侶（尼僧）になりました。同じような悩みを抱える人に、大きな門が開かれました。私の後に続く人もできました。宗門には逆に女から男になった方もいます。

女性として堂々と生活できるようになりました。「おばちゃん」として普通に生活しています。何が一番よかったですかとよく聞かれます。たくさんありますが、大衆浴場の女湯に入れることでしょうか。温泉に行っても、これまではずっと部屋風呂でしたから。

これからの夢は、性的マイノリティの人たちが、気軽に相談にきていただけるような駆け込み寺を開くことです。まだまだ社会には偏見が根強く、人にもいえず昔の私のように苦しんでいる人が多いのです。そんな人たちがホッとできる場を作りたいのです。お大師さまに少しずつ引っ張っていただいていまの道があります。お大師さまに少しでも恩返しがしたい。何年かかるか分かりませんが、そのお寺を造るのは私にしかできないことです。古《いにしえ》より悩み、苦しみを抱えた人を迎え、また送りだしてきた四国遍路。区別のない深い祈りの世界が、人を再生させてきました。今後はマイノリティの人たちに救いの手を差し伸べる、そういう人生でありたいと思っています。

Ⅵ　遍路よもやま話

逆打ちと衛門三郎伝説

閏年は逆打ちをすると三倍のご利益があるといわれています。実際、八十八番から逆に回ると、標識も整備されておらず道に迷うことが多い。それだけ苦労して回るから、ご利益があるというわけです。

逆打ちの元祖は衛門三郎《えもんさぶろう》とされます。七十一番石手寺に伝わる伝説では以下のごとくです。

平安時代の天長八年（八三一）のことです。伊予国浮穴郡江原郷（現在の松山市恵原町）に一人のみすぼらしい修行僧が現れます。強欲で知られた長者・衛門三郎の大きな屋敷を訪ね托鉢をしますが、追い返されてしまいます。翌日も訪ねますが、竹箒で追い返されます。翌々日は持っていた鉄鉢を割られ、八つに砕け散ってしまいます。その翌日から衛門三郎の八人の子供が次々に亡くなり、八日後にはすべて死んでしまいます。僧は弘法大師で、罰をあてられたことを知った衛門三郎は、財産を地元の人たちにすべて分け与え、僧を追いかけて四国遍路を始めました。二十周回ってもお大師さまに会えませんでした。順に回っていたのでは会えないと気が付いた三郎は、二十一周目に逆打ちをします。そして、十二番焼山寺の中腹、いまの杖杉庵のところで行き倒れます。そこにお大師さまが現れ、願い事はないかと問われます。「領主越智氏の子孫に生まれ変わりたい」と答えて息絶えます。大師は手に小石を握らせました。その後、越智氏に子供が生まれたが、片手を握ったまま開きません。安養寺（現石手寺）で祈禱したところ、手が開き「衛門三郎再来」と書かれた石が転がり落ちました。安養寺は石手寺と改名しました。

逆打ちについては、江戸時代の文献、澄禅『四國遍路日記』にも記載されており、古くからあったことが確認できますが、閏年というのは太陽暦が採用された明治六年の改暦以降であり、ご利益が三倍という話は、おそらく昭和の終わりか平成になってから作られた話だと思います。平成二十八年には、四国霊場各札所で記念散華《さんげ》が授与されましたが、歴史的に検証できないため、名目上は「四国遍路日本遺産認定記念」となっています。

同行二人

杖や白衣に書かれた「同行二人《どうぎょうににん》」の言葉は、一人で遍路をしていてもお大師さまと二人連れという意味。常に私たちを見守ってくださっている。高野山奥の院に入定しているお大師さまが、裏穴から抜けだして四国を回っておられるという信仰からです。この同行二人の思想は、高野山の大門に掛かる聯の言葉、「不闕日日大影向　検知処処之遺跡」にみることができます。お大師さま自身の言葉とされますが、鎌倉時代に興教大師覚鑁《かくばん》が広めたといわれます。

ご宝号

「南無大師遍照金剛《なむだいしへんじょうこんごう》」は、お大師さまに帰依するという意味です。お大師さまは在世中自ら空海と名乗っていました。室戸岬での修行で、空と海しかみえないことから思いついた戒名とされています。遍照金剛は唐で恵果和尚《けいかかしょう》から灌頂《かんじょう》を受け賜った戒名です。弘法大師号は延喜二十一年（九二一）醍醐天皇から賜った諡号です。東寺長者の観賢《かんげん》が申請して賜りました。ですから、お大師さまは在世中、自らが弘法大師と呼ばれることを知らなかったことになります。南無大師遍照金剛は、南無阿弥陀仏や南無法蓮華経などに対抗するため、のちに弟子が作った宝号といえます。お大師さま自身は生涯空海の戒名を使い、遍照金剛はありがたすぎるので、知ってはいてもめったなことでは名乗ることはなかったようです。一方、阿弥陀さまに帰依する場合は、南無阿弥陀仏の六字名号を使っていた可能性が高いのです。四十番観自在寺の宝判は南無阿弥陀仏ですし、足摺岬の名号岩も彫ったとされています。

札打ち

お参りすることを札を打つといいますが、昔は木や金属の納札《おさめふだ》をお堂に釘で打ちつけていたことからでた言葉です。これでは堂が傷むので現在は紙になりました。それでも紙を堂に貼り付けている人もいますが、文化財保護、美観の面からやめましょう。紙の札はステンレス製などの納札箱に入れるようにしましょう。納札がたまったら寺で定期的にお焚き上げをしています。巡礼の方法によって、一番から八十八番を一度に打ってしまうのを「通し打ち」、何回かに分けて行くのを「区切り打ち」といいます。一番から順に回るのを「順打ち」、八十八番から逆に回るのを「逆打ち」といいます。現在一般用語として使われている「打ち止め」などの言葉も、もとは巡礼用語からでた言葉です。八十八ヶ寺すべてを巡り終えることを「結願《けちがん》」といいます。

四国は道場

四国四県を県ごとに分け、徳島を「発心《ほっしん》の道場」つまり心を起こす場、高知を「修行の道場」文字どおり修行する場、愛媛を「菩提《ぼだい》の道場」つまり悟りへの入口、香川を「涅槃《ねはん》の道場」まさに成仏してしまえる場と位置づける慣わしがあります。これは真言密教で大切にされる『大日経』に説かれている、悟りへの四つの階梯に相当します。さらに悟りの究極を示す「究竟《くぎょう》の道場」を高野山に充てる考え方もあります。

四国それぞれに関所寺というのがあり、心の邪《よこしま》な人はそれ以上進めないといわれています。ちなみに阿波の関所は十九番立江寺、夫を殺害し不倫相手と四国にきたお京という女性の髪の毛が、鐘の緒に巻きついて離れなかったという故事に基づきます。土佐は二十七番神峯寺、伊予は四十八番西林寺、讃岐は六十六番雲辺寺です。神峯寺と雲辺寺は「遍路ころがし」と呼ばれる山岳霊場の難所。西林寺は境内へ下っていくという特殊なレイアウトからきているといいます。また裏関所として、一番霊山寺からもっとも遠い四十番観自在寺を充てる伝えもあります。

お礼参り

お礼参りは高野山奥の院に八割以上の人が行っています。お大師さまの前で四国八十八ヶ所結願しましたと報告するのです。一番霊山寺には三割強。これは打ち始めたお寺に報告するという意味で、一番以外から打ち始めた人は、初めの寺に行かなければならないのです。高野山、善通寺と並び、弘法大師三大霊場とされる京都・東寺（教王護国寺）にお参りするのもいいのです。また自分の宗旨の本山にお参りする人もいます。真言宗の場合は高野山や東寺でいいのですが、天台宗なら比叡山延暦寺、浄土宗は知恩院、日蓮宗は身延山久遠寺、臨済宗は妙心寺、曹洞宗は永平寺等々。ただ浄土真宗だけは、本願寺は東も西も納経朱印できないので注意が必要です。宗派を問わずということで、大阪・四天王寺や長野・善光寺で納経するのも可です。また自分の実家の檀那寺で朱印をもらってもいいのです。お礼参りに決まりはなく、随意いくつでも行っていいわけです。

四国納経帳の場合、多くは高野山奥の院が一番最初のページ、それ以外は最後の数ページの空欄にいただくのが通例です。軸や白衣も高野山の欄があります。そうしたことから高野山だけはぜひ行っていただきたいのです。奥の院は必須、それ以外に金剛峯寺で納経する人もいますが、これはどちらでもかまいません。また、本来は出発前にも高野山（京都の人は東寺）に参ってからというのが正式な作法とされます。京都三弘法といって東寺、仁和寺、神光院の三か寺をお参りする習わしもあります。

お接待

お接待とは、道中近所の人がでてきてお金や食べ物を布施してくれることです。四国特有の風習です。自分にいただくのではなく、遍路はお大師さまの化身、お大師さまへのお供えという意味です。接待を受けたら納札を返すのが慣わし。お守りになるといいます。まれに札所で待ち構えていて接待をする場合もあります。なお団体遍路の場合は、先達が代表して納札を渡すので、個々には納札を渡さなくていいのです。お接待は基本断わってはいけないとされています。お大師さまに功徳を積もうとしている人の芽を摘むことになるからです。唯一許されるのが車接待、歩き疲れた人を車で送り届けようという声がかりを受ける場合がありますが、その時のみは歩きを貫徹したいので、と断わることが許されています。

托　鉢

托鉢《たくはつ》は本来、本山の許可を得た僧侶が修行として行うものです。各宗では托鉢免許をだしています。遍路がするのは門付《かどづ》けといって、巡拝中に一軒一軒家を訪ねて戸口で勤行して回るのが本来の姿です。札所寺の山門に立って、托鉢まがいのことをするのは霊場会が禁止しています。バスツアーの団体遍路を狙って金銭をせびるのです。できれば相手にしないようにしてください。阪神・淡路大震災以降ホームレスが流れてきて、遍路まがいの乞食が増えたためこうなってしまいました。四国に行けばお接待で食べられる、といううわさが流れて増えたのだといいます。乞食遍路は江戸時代からありましたが、昭和後期には福祉の充実でほとんどなくなっていました。平成の初めには、六人しかいなかったという話を聞いたことがあります。この方々は礼儀を守って、寺も通夜堂に泊めるなど保護してきました。それが最近また増え、マナーの悪い人も少なからずいて、寺も苦渋の決断を迫られたと聞いています。

先達制度

四国霊場会の公認先達《せんだつ》になるには、最低四周回らなければなりません。納経帳の重ね印で確認します。重ね印とは、一つの納経帳に何度も朱印を重ねることです。回るたびに別の納経帳を作って、四冊持って行っても認められませんので注意が必要です。このほかの条件としては二十歳以上であること、札所寺の推薦をもらうこと、十二月に善通寺で開かれる研修会に参加すること。この四条件がそろって先達に補任されます。試験はありません。その後、二年二回以上で権中先達、さらに同条件で中先達、さらに三年三回以上で権大先達、さらに同条件で大先達と昇補が可能です。従って大先達になるには、最低でも十年十四回以上が必要なわけです。さらに功績によって、準特任大先達、特任大先達、元老大先達があります。これらは定員があり、誰でもなれるわけではありません。なお現在四国先達には一万五千人以上が補任されていますが、死去などで実数は八千人ぐらいとされています。

番外札所

四国には八十八ヶ所以外に番外札所というのがあります。昔山の上に寺があったのが、お参りしにくいので麓に下りてくると、もとの場所が奥の院になります。お大師さまが水を掘り当てたなどの霊験があった場所、それから札所の距離の長い場所には、遍路が休憩した堂が番外になる場合もあります。これらを含めて、私が江戸時代以降の文献にでているところに、実際足を踏み入れて確認できたところが約四百あります。私の知らないところもまだまだあると思います。この中で有名な札所が二十集まって、昭和四十二年に別格二十霊場ができました。ここから漏れた八十八の寺社が集まって、平成元年に新四国曼荼羅霊場ができました。旧札所だった神社を含めての神仏霊場です。これだけでも一〇八。さらにそのどちらにも入っていない純粋の番外もあります。それらを合わせて四百ほど確認したわけです。これらは拙著『公認先達が綴った遍路と巡礼の実践学』（高野山出版社）に載せているので、興味のある人は参照してください。

［四国別格二十霊場］

1　大山寺　徳島県上板町大山一四　真言宗醍醐派　千手観音
2　童学寺　徳島県石井町石井城ノ内六〇五　真言宗善通寺派　薬師如来
3　慈眼寺　徳島県上勝町正木灌頂瀧一八　高野山真言宗　十一面観音
4　八坂寺（鯖大師本坊）　徳島県海陽町浅川中相一五　高野山真言宗　弘法大師
5　大善寺　須崎市西町一―二―一　高野山真言宗　弘法大師
6　龍光院　宇和島市天神町一―一　高野山真言宗　十一面観音
7　永徳寺（十夜ヶ橋）　大洲市東大洲一八〇八　真言宗御室派　弥勒菩薩

8　金山出石寺　大洲市長浜町豊茂　真言宗御室派　千手観音
9　徳盛寺（文殊院）　松山市恵原町三〇八　真言宗醍醐派　地蔵菩薩
10　西山興隆寺　西条市丹原町古田一六五七　真言宗醍醐派　千手観音
11　正善寺（生木地蔵）　西条市丹原町今井一四一—一　高野山真言宗　延命地蔵
12　延命寺（いざり松）　四国中央市土居町土居八九五　高野山真言宗　地蔵菩薩
13　仙龍寺　四国中央市新宮町馬立一一〇〇　真言宗大覚寺派　延命地蔵
14　常福寺（椿堂）　四国中央市川滝下山一八九四　高野山真言宗　延命地蔵
15　箸蔵寺　三好市池田町洲津蔵谷一〇〇六　真言宗御室派　延命地蔵
16　萩原寺　観音寺市大原野町萩原二七四一　真言宗大覚寺派　火伏地蔵
17　神野寺　香川県まんのう町神野四五—一二　真言宗善通寺派　薬師如来
18　海岸寺　香川県多度津町西白方九九七　真言宗醍醐派　聖観音
19　香西寺　高松市香西西町二一一　真言宗大覚寺派　延命地蔵
20　大瀧寺　美馬市脇町西大谷六七四　真言宗御室派　西照大権現

［その他のおもな番外霊場］

御厨人窟（御蔵洞）　室戸市室戸岬町六九四一
安楽寺　高知市洞ケ島町五—三　真言宗豊山派　阿弥陀如来
月山神社　高知県大月町月ヶ丘一四四三

篠山神社　愛媛県愛南町正木三〇四一
大山祇神社　今治市大三島町宮浦三三二七
金刀比羅宮　香川県琴平町川西八九二―一
高野山奥の院　和歌山県高野町高野山五五〇　高野山真言宗　弘法大師
東寺（教王護国寺）　京都市南区九条町一　東寺真言宗　薬師如来

写し霊場

写し霊場とは、四国八十八ヶ所、西国三十三所をまねて、各地に作られた霊場をいいます。古くは鎌倉時代に創設されたという、関東一円に広がる板東三十三所霊場がありますが、多くは江戸時代以降に作られたものです。一国あるいはもっと小さい村落単位のものまであります。江戸時代中期以降に庶民の四国、西国参りがさかんになりますが、当時の領主が自国から領民がでるのを好まず、自国内に写し霊場を作るのを奨励したことから、全国各地広がったといわれます。手軽に回れることから、地域によってはかなりの巡拝者を集めたところもあったようです。また「島四国」と呼ばれる、小豆島、淡路島、伊予大島など、一つの島の中だけで完結する霊場もあります。寺または堂庵が整備され、記録に残るものだけでも四百以上あります。現在、巡拝可能なところは百ぐらいでしょうか。一つの寺の境内に作られた石仏を巡るものもありますが、これまで加えると数限りなくあります。巡礼ブームが訪れた昭和の初めと、昭和五十年代以降平成にかけて、あらたに作られた霊場もあります。後者の中には中国三十三観音、九州八十八ヶ所百八霊場、関東八十八ヶ所、北海道八十八ヶ所など、広大な地域を巡る霊場も創設されました。昭和初期には占領下の台湾、朝鮮にも写し霊場があったようです。戦後、韓国、台湾に三十三所霊場が作られましたが、昔の霊場とは別のものです。

高野山

高野山（和歌山県高野町）は弘仁七年（八一六）、弘法大師空海が開きました。真言密教の修禅道場として嵯峨天皇から山を賜り、お大師さまと弟子が造営しました。南海電車高野線で大阪・難波から特急「こうや」で一時間半。終点の極楽橋でケーブルに乗換、高野山駅下車。街中へは南海りんかんバスで十分ほど。

山上には町が開けているので、初めての人はびっくりします。こども園から大学まである人口四千人の宗教都市です。できれば宿坊で一泊してほしいものです。高野山の寺院で、朝勤行に参加した経験は長く脳裏に残るでしょう。奥の院へは一の橋から歩くのがお勧めです。弘法大師が入定なさっている御廟まで約二キロ。戦国武将など五十万基の墓が並んでいます。そして御廟に至りお大師さまに四国結願の報告をすれば、えもいわれぬ達成感が得られるでしょう。納経は奥の院が必須。ほかに金剛峯寺などでもできます。

参拝は奥の院と金剛峯寺、そして弘法大師が高野山を開かれたときに最初に造ったとされる檀上伽藍には行きましょう。伽藍には高野山のシンボルタワーともいえる根本大塔をはじめ、金堂、御影堂などの諸堂が建ち並びます。時間に余裕があるなら、国宝・重文級の貴重な仏像などがたくさん保管されている霊宝館や、苅萱道心ゆかりの苅萱堂、大門、徳川家霊台、女人堂なども参拝しましょう。また、大師教会では受戒の儀式も受けられるので、神秘体験をしてみるのもいいでしょう。

標高九百メートル近い山上にあるので、冬場は積雪があります。徒歩登山は遭難の恐れがあるのでお勧めできません。車も道路がチェーン規制になるので、冬用タイヤかチェーンが必要です。電車とケーブルといった公共交通機関利用がお勧めです。

高野山の麓・九度山には、弘法大師の母・玉依御前《たまよりごぜん》が祀られている慈尊院があります。南海高野線九度山下車。ここから一八〇町の町石道が高野山に通じています。高野山まで徒歩六―八時間。遍路シールはありませんが、一町（一〇九メートル）ごとに町石があるので迷うことはありません。町石がみえなければ、道に迷ったと思って引き返すことです。平成のシールより、鎌倉時代から続く町石を信用しましょう。車道と交差するのは三か所のみ。快適な地道歩きです。高低差八百メートル以上なのできつい登りですが、四国を歩いてきた者にとってはなんてことはないでしょう。山上の大門に着けば感激すること間違いなしです。

そこまで時間が取れないなら、南海高野線極楽橋下車。ケーブルに乗らずに不動坂を歩いてみましょう。江戸時代の表参道です。一時間ほどで山上に着きます。ケーブルで高野山駅に上がっても、バス専用道は歩行禁止で迂回の新車道を四十分ほど歩かざるを得ないので、歩きたい人はかならず極楽橋で下車してください。

寄り道観光

四国には多くの観光資源があります。遍路の途中で寄ってみるのもいいでしょう。徳島では鳴門の渦潮（鳴門市）、うだつの町並み（美馬市）、うみがめ博物館（海陽町）、藍の館（藍住町）など。高知では桂浜（高知市）、はりまや橋（同）、牧野植物園（同）、室戸岬（室戸市）、足摺岬（土佐清水市）、竜串・見残し（同）、四万十の清流（四万十市）など。愛媛では内子の町並み（内子町）、道後温泉（松山市）、松山城（同）、石鎚山（西条市）、西海鹿島（愛南町）、しまなみ海道（今治市）など。香川では栗林公園（高松市）、高松城（同）、金刀比羅宮（琴平町）、琴弾公園（観音寺市）など。

各地のグルメも楽しみましょう。徳島は徳島ラーメン、鳴門の鯛、阿波尾鶏。高知は皿鉢料理、鰹のたたき、清水鯖、四万十の鰻、鯨料理。愛媛は宇和島の鯛飯、ジャコ天、今治の焼鳥、五色そうめん、八幡鰤。香川は讃岐うどん、骨付鳥、伊吹島のイリコなどが名物です。泊まった宿ででてくることもありますが、お店に行かないと食べられないものもあります。スイーツは徳島の鳴門金時、高知のアイスクリン、愛媛のタルト、香川の和三盆などがお勧め。果物は徳島のスダチ、高知のユズ、愛媛のミカン、香川のオリーブが有名です。

仏さまの種類

仏教ではさまざまな仏さまがおられますが、四種類に分けることができます。「如来」、「菩薩」、「明王」、「天」です。如来とは、真理を悟った者という意味で、仏さまの頂点に位置します。釈迦如来、大日如来、阿弥陀如来、薬師如来などです。菩薩とは、如来になる前の修行中の者です。また、本当は悟りを開いているのですが、衆生を救済するために、あえて如来にならず修行中の姿をしている場合もあります。観音菩薩、地蔵菩薩、弥勒菩薩、文殊菩薩などです。明王とは、優しい姿ではいうことを聞かない衆生のために、あえて恐ろしい姿に変身して綱にくくりつけてでも、仏さまの世界へ導いてくれるありがたい存在です。不動明王、愛染明王、降三世《ごうさんぜ》明王などです。天とは、もともとはインドの神さまです。仏教を守護し、私たちを助けてくださいます。毘沙門天、弁財天、帝釈天、歓喜天などです。このほか日本の神さまが神仏習合で垂迹神として祀られている場合もあります。蔵王権現、金毘羅権現、三宝荒神などです。また、弘法大師、天台大師など、各宗派の祖師をお祀りしている場合もあります。

四国八十八ヶ所ヘンロ小屋プロジェクト

遍路道沿いに作られた歩き遍路のための休憩所。徳島県海陽町出身の建築家・歌一洋元近畿大学教授の提唱で、四国に八十八＋一か所の小屋を作ろうというプロジェクト。地元の方に土地を提供していただき、管理もしていただくという前提で、寄付を集めて建設しています。歩き遍路の休みたいなと思う場所に作っていきます。管理していただける方のいないとことには作れないのが残念ですが。野宿したいという希望も多いですが管理してくださる方の意向です。基本はあくまでも休憩所なので、宿泊できるところは少ないです。平成二十八年末現在で五十五か所完成しています。事務局　〒五四一―〇〇五九　大阪市中央区博労町一―七―一一　空の箱内。

巡礼遍路研究会

四国遍路と日本各地の巡礼について研究する会。平成二十六年九月に高野山大学密教文化研究所内に設立されました。原則年一回の研究発表会と会誌を発行をしています。平成二十八年末現在、筆者が事務局長を務めています。同様の研究機関として、愛媛大学には四国遍路・世界の巡礼研究センターがあります。事務局　〒六四八―〇二一一　和歌山県伊都郡高野町高野山三八五高野山大学密教文化研究所内。

へんろみち保存協力会

徒歩遍路道を保存するため故宮崎建樹氏が設立した会。遍路道の復元・整備や、歩き遍路のための地図『四国遍路ひとり歩き同行二人』の発行をしています。地図には宿泊施設の情報もあり、歩き遍路にとって必携ともいえる書です。事務局　〒七九〇―〇〇一一　松山市湊町七―七―一　セキ株式会社内。

参考文献

『先達教典』（四国八十八ヶ所霊場会、二〇〇六）
『広辞苑』（第六版、新村出編、岩波書店、二〇〇八）
『公認先達が綴った遍路と巡礼の実践学』（柴谷宗叔著、高野山出版社、二〇〇七）
『江戸初期の四国遍路　澄禅『四国辺路日記』の道再現』（柴谷宗叔著、法蔵館、二〇一四）
『四国遍路ひとり歩き同行二人』（へんろみち保存協力会、一九九〇）
『四国八十八ヵ所』（上・下、平幡良雄著、満願寺教化部、一九七五）
『四国八十八ヶ所クルマ巡礼　ドライブお遍路』（KG情報、二〇一四）
『クルマで札所めぐり　四国八十八ヶ所ルートガイド』（メイツ出版、二〇〇九）
『るるぶ情報版四国7　四国八十八ヵ所』（JTBパブリッシング、二〇一三）
『新版四国八十八ヵ所を歩く』（吉田智彦著、山と渓谷社、二〇〇六）
『四国八十八ヶ所詳細地図帖』（雑誌四国）

あとがき

四国遍路を初めて二十七年目となります。苦しい時、辛い時、四国へ行き八十八の札所巡りをすると心が軽くなります。「お四国病院」といいますが、ほんとに心の病が治るのです。今でも月のうち三分の一は四国に行っています。初めて周ったころは、まさか私が百周以上するなんて思ってもみませんでした。当時は錦札を持っている方は神さまのように思われました。それが、自分自身が錦札になってしまいました。さらにご縁をいただき、またいただき、ついに僧侶にまでなってしまいました。遍路の論文で博士号まで取ってしまいました。先達としてご案内した方がたは千人を超えるでしょう。勤めていた新聞社を辞め、お大師さまに導かれるままにここまできた、心の軌跡は第五章で書いたとおりですが、お遍路が常に私の心の癒やしになっていたのは間違いありません。

本稿は園田学園女子大学公開講座「四国遍路と巡礼」の講義録を基に、高野山大学大学院の修士論文、博士論文の学術研究を加味して書き下ろしたものです。これまで発刊した学術書と異なり、これからお遍路を始めようという方にも分かりやすくというのを心がけました。先達としていつも初めてのお遍路さんにお話ししている内容が中心です。手に取って見られた方の期待を裏切らない内容であると自負しております。お大師さまと同行二人。この本を持ってお遍路に出かけてみてください。

発刊に当たり、師僧である高野山無量光院の土生川正道・前官さま、巡礼遍路研究会会長の山陰加春夫・高野山大学名誉教授、大林教善・四国八十八ヶ所霊場会長をはじめ、高野山大学、園田学園女子大学、四国八十八ヶ所霊場の各札所寺院、四国各県・市町村ならびに博物館・図書館等、高野山金剛峯寺、慶友社編集担当者など、多くの方々のご協力をいただきましたことを感謝いたしております。

二〇一七年二月吉日

柴谷宗叔

著者略歴

柴谷宗叔（しばたに　そうしゅく）
一九五四年　大阪市生まれ
一九七九年　早稲田大学卒業
二〇一三年　高野山大学大学院博士課程修了、博士（密教学）
現在　高野山大学密教文化研究所研究員、
巡礼遍路研究会事務局長、四国八十八ヶ所霊場会公認大先達、
西国三十三所札所会公認特任先達

［主要著書］
『公認先達が綴った遍路と巡礼の実践学』　高野山出版社
二〇〇七年
『江戸初期の四国遍路　澄禅『四国辺路日記』の道再現』　法蔵館
二〇一四年

四国遍路　こころの旅路

二〇一七年四月二十一日　第一刷発行

著　著　柴谷宗叔
発　行　慶　友　社
〒一〇一―〇〇五一
東京都千代田区神田神保町二―四八
電　話　〇三―三二六一―一三六一
ＦＡＸ　〇三―三二六一―一三六九
組　版＝㈱富士デザイン
印刷・製本＝藤原印刷株式会社

©ISBN978-4-87449-258-1　C1039